Kalabrien

Gabriella Vitiello & Frank Helbert

DUMONT direkt

Inhalt

Bonu arrivatu

Zu Gast in Kalabrien

Badedebucht von Scalea

12 Highlights

Extra-Touren

Stadtpläne

16 Reisetipps Kalabrien

Kalabrien im Internet

Auch die Region Kalabrien gewinnt seit einigen Jahren an immer mehr Präsenz im Internet, dennoch ist die Zahl der Spezialanbieter und Tourismusportale im Vergleich mit anderen, wirtschaftlich erfolgreicheren italienischen Regionen geringer. Brauchbar sind die folgenden Websites: **www.sprachcaffe-kalabrien.com,www.lovecalabria.com, www.kalabrienonline.com.**

Vor einer Reise nach Kalabrien ist jedenfalls ein Update der Lage im Internet zu empfehlen. Am besten nutzt man hierfür die weit verzweigte deutsche Seite der ENIT oder die der Region Kalabrien. Die Hotelbuchung funktioniert noch immer am besten im direkten Kontakt mit den Hotels oder anderen Unterkunftsmöglichkeiten. Zumal sich viele Internetseiten mit Preisangaben zurückhalten. Der Grund ist allzu menschlich: Im Internet lässt sich nicht verhandeln. Bedenken Sie dies bei der Überlegung, ob Sie online auf eine Buchungsbestätigung klicken oder zum Telefonhörer greifen wollen.
Landeskennung: **.it**

www.enit.it

Die Website der ENIT, des staatlichen italienischen Fremdenverkehrsverbandes, präsentiert sich im Netz natürlich auch auf Deutsch, und das ausführlich und vielseitig. Sie führt den Suchenden, ausgehend von ganz Italien, über die Regionen und Provinzen bis in ganz kleine Gemeinden. Da deren Seiten oft noch in Arbeit sind, sollte man sie auch langfristig im Auge behalten.

www.regionecalabria.it/turismo.html

Hierbei handelt es sich um die offizielle Tourismusseite der Region mit vielen Links zu Kultur, Geschichte, Geografie, zu den einzelnen Regionen, zu Hotel-, Sport- und Freizeitangebot. In abgespeckter Form stehen die Seiten auch auf Deutsch und Englisch zur Verfügung.

www.montagne-mare.de

Eine übersichtliche Seite, die beispielhaft ist für Reisedienstleistungen via Internet. Claudia Baumgartner, Spezialistin für Kalabrien, ermöglicht mit diesem Online-Angebot von der Vorrecherche bis zur Komplettbuchung alles, was für einen individuellen Kalabrienurlaub nötig ist. Nach Baumgartners Angaben sind alle Informationen auf ihrer Seite ›handverlesen‹ und persönlich geprüft. Ihre Angebote unterstützen dabei einen ›sanften Tourismus‹ – offerieren also das Gegenteil von Massentourismus in anonymen Feriengehegen.

www.kalabrien.ch

Ansprechende Site mit Informationen über Kultur, Geografie und Klima und der Möglichkeit, Ferienhäuser und -wohnungen zu buchen (einzelne Rubriken sind noch im Aufbau).

Wer Infos direkt aus Italien im Netz finden will, sollte bei **www.calabrianetwork.com** beginnen, einem umfassenden Kalabrienportal zu Tourismus, Kunst, Kultur, Geschichte und Gastronomie (teils noch im Aufbau und nur auf Italienisch). Tagesaktuelle Nachrichten und Infos bietet die Internetzeitung **www.giornaledicalabria.it.**

Wer nur eine Bed & Breakfast-Unterkunft sucht, kann unter **www.bed-and-breakfast-italien.com/bb_kalabrien.cfm** seine mögliche Übernachtungsstätte recherchieren, anschauen und buchen.

Bonu a

Der Blick schweift vom Meer an der Westküste langsam ins Landesinnere. Hier erklimmt er den Monte Tiriolo und gleitet weiter bis zum Meer an der Ostküste. Nur vom Bergdorf Tiriolo aus lässt sich dieses Panorama genießen. Dennoch ist es bezeichnend für Kalabrien, das als südlichste Region des italienischen Festlands zwischen zwei Meeren liegt. Die Berge und die Meere

rrivatu

haben Kalabrien geprägt. Die schroffen Massive des Pollino und des Aspromonte bieten noch immer keine allzu verkehrsfreundlichen Straßen. Und die Meere bargen etliche Gefahren, brachten aber auch fremde Einflüsse und die ersten Siedler aus Griechenland. Sie gründeten hier die Magna Graecia und tauften den Landstrich ›Italia‹.

Willkommen

›Italia‹ ist Kalabrien

Dieses ›Italia‹ wird in den antiken Quellen als Land des *vitulus*, des Weinstocks, bezeichnet oder in Anlehnung an die mythischen Könige Enotrios und Italos, die über dieses Land geherrscht haben sollen, als ›Enotria‹.

Die heutige Region zusammen mit der Halbinsel des Salento wurde erst im 8. Jh. Kalabrien genannt. Wahrscheinlich ist die Bezeichnung aus dem griechischen *kalòs-bruo* entstanden, was so viel bedeutet wie ›fruchtbares Land‹. Es ist überwiegend Hügelland, denn die Hälfte der kalabrischen Fläche besteht aus kleineren Erhebungen, und nur neun Prozent bilden Ebenen. Der Rest besteht aus Bergen, deren Gipfel auch über 2000 m erreichen wie im Pollino-Massiv.

Das nur 15 000 km^2 große Kalabrien hat 780 Küstenkilometer. Das sind 19 % der gesamten italienischen Küstenlinie – die Natur hat es offenbar gut mit der Region gemeint, doch hat sie diesen Landstrich auch sehr unzugänglich gestaltet, weshalb er, im Kontrast zu seiner Schönheit, zu den ärmsten Gebieten Italiens gehört.

Kalabrien – das Schönere

Das war aber nicht immer so. Als die Griechen im 8. Jh. v. Chr. über das Ionische Meer hierher kamen, erschien ihnen das Land so fruchtbar und wundervoll, dass sie es als schöneres, besseres und größeres Griechenland bezeichneten und hier ihre Magna Graecia gründeten. Besonders im Osten Kalabriens zeigt sich der griechische Einfluss noch deutlich, nicht nur in den archäologischen Hinterlassenschaften, sondern auch in den Gesichtszügen der Menschen.

Nach dem italischen Volk der Bruttier und den Griechen, die das Land als Erste bewohnten, folgten mindestens zehn weitere Völker, die in Kalabrien ihre Spuren hinterließen, oft Spuren der Verwüstung wie in den Piratenkriegen im 16. Jh. Drei Völker haben sich bis heute mit ihren eigenen Sprachen und Sitten eine Inselstellung in Kalabrien erhalten können: Die Waldenser aus dem heutigen Nordwestitalien kamen im Mittelalter nach Kalabrien und wurden im 17. Jh. brutal verfolgt und gezwungen, sich in einer einzigen Ansiedlung, in Guardia Piemontese, zu konzentrieren, wo sie auch heute noch nach den Traditionen des Aostatals leben. Ebenfalls im 17. Jh. lebten in über 20 Orten in der Provinz von Reggio zehntausende Menschen, die die griechische Religion und Kultur komplett in ihr Gebiet übertragen hatten.

Heute sprechen dort noch etwa 15 000 Einwohner ein Griechisch, das

Kleines Fischerdorf Chianalea bei Scilla

ihre Großväter in Hellas problemlos verstehen könnten. Die dritte italianisierte, aber eigenständige Volksgruppe Kalabriens sind die Albaner, die im 15. Jh. hierher kamen, als die Albanerprinzessin Irene Kastriota den Prinzen von Bisignano heiratete.

Das Aschenputtel Italiens

Doch war Kalabrien jetzt schon nicht mehr das blühende Gebiet, zu dem es seit den Byzantinern im 7. Jh. bis zum Ende der Stauferzeit gewachsen war. Kirchen und Kunst aus dieser Zeit sind noch in vielen Bergdörfern erhalten. Kalabrien wurde bis in die Neuzeit hinein ausgebeutet und wirtschaftlich vernachlässigt, mal gehörte es zu diesem, mal zu jenem Herrscherhaus. So fühlten sich die Einwohner von Reggio di Calabria erneut erniedrigt, als mit der Gebietsreform 1970 Catanzaro zur Hauptstadt Kalabriens wurde – es gab brutale Aufstände, gegen die das Militär eingesetzt wurde. Kalabrien gliedert sich heute in die fünf Provinzen Reggio di Calabria, Crotone, Catanzaro, Cosenza und Vibo Valentia.

Auch wenn sich die Schärfe der sozialen Spannungen abgemildert hat, ist die Arbeitslosigkeit von etwa 25% noch immer das gesellschaftliche Hauptproblem. Die meisten Kalabresen im Ausland haben ihre Heimat verlassen, um im Norden oder in Übersee eine bessere Existenz zu gründen. Noch heute leben etwa 70 000 Italiener aus dieser Region Süditaliens im Großraum Stuttgart als ehemalige oder noch aktive Arbeiter in der deutschen Automobilindustrie. Der kalabrische Regisseur Gianni Amelio hat in seinen Filmen wiederholt die Emigration thematisiert, die aber auch die jüngeren Generationen unbewusst geprägt zu haben scheint. Man habe ihnen jahrzehntelang eingetrichtert, in ihrem eigenen Land nichts wert zu sein, erzählte uns Bergamottenbauer Ugo Sergi in Condofuri, da könne es doch nicht wundern, wenn die Kalabresen immer noch als depressiv und heimatflüchtig gelten.

Die ehrenwerte Gesellschaft

Eine deutliche Last auf der Seele vieler Menschen in Kalabrien ist die Ndrangheta, die kalabrische Mafia. Sie profitiert noch immer von den Auswirkungen des Systems der *feudi*, des Großgrundbesitzes, der erst Mitte des 20. Jh. offiziell abgeschafft wurde, aber Jahrzehnte später immer noch in seinen Auswirkungen zu spüren ist: Einerseits entstand daraus die große Armut der einfachen Bauern, andererseits auch die Sympathie für die Briganten, die gesetzlosen Räuber, die als süditalienische Robin Hoods in der kollektiven Erinne-

Fußgängerzone in Pizzo

rung der Einwohner immer noch positiv besetzt sind. Manche Mutter nennt ihren Sohn noch heute liebevoll *brigantiellu mio*. Die mafiösen Strukturen überschatten nach wie vor den Alltag in Kalabrien. Davon spüren die Touristen zwar nicht viel, wer aber neugierig ist, kann schon mal obskure Momente erleben. So führt die Einstellung des ›Ich-weiß-nicht‹ oft zu grotesken Ergebnissen: Etwa wenn in einer Bar die Frage »Ist dies die Außenstelle der Touristeninformation?« von der Frau hinter dem Tresen mit niedergeschlagenem Blick und melancholischem Ton in der Stimme mit »Das kann ich nicht sagen« beantwortet und danach jede weitere Kommunikation mit dem Hinweis blockiert wird, sie wisse nichts, aber ihr Gatte oder Chef, der gerade nicht da sei, könne etwas dazu sagen. Dann fragt man sich automatisch, welcher Grund hinter dieser totalen Auskunftsblockade steht. Die Angst, etwas Falsches zu antworten und die Gewöhnung der Menschen an repressive Strukturen, die besonders in der öffentlichen Verwaltung verbreitet sind, wirken sich vielerorts weiterhin als großes Hindernis für wirtschaftlichen Aufschwung und Modernisierung aus.

Kalifornien Süditaliens

Dabei hat Kalabrien grundsätzlich beste Voraussetzungen, um das zu werden, wovon viele Tourismusmanager heute schwärmen: ein ›Kalifornien des Südens‹ mit vielen Bilderbuchstränden, drei Nationalparks und der angenehmen Tatsache, dass es von überall im Land nicht länger als eine halbe Stunde dauert, ans Meer oder in die Berge zu fahren.

Auch die Spuren der kulturellen Vergangenheit, die *resti*, wie manche Kalabresen sie etwas despektierlich bezeichnen, gelten mittlerweile als wichtiges Kapital, dessen wirtschaftliches Potenzial in Zukunft weit über das des größten Industriehafens Italiens in Gioia Tauro hinausgehen könnte. So erwacht die Region auch kulturell. Viele Museen sind entstanden oder wurden renoviert, und Städte wie Reggio, Crotone oder Cosenza haben sich in den vergangenen fünfzehn Jahren deutlich zum Besseren verändert. Andere Gemeinden werben mit ihrer mythologischen Vergangenheit oder preisen sich als Geburtsorte weltberühmter Maler, Philosophen oder Schriftsteller. Auch wenn es in Kalabrien immer etwas länger dauert, bis sich Trends hier wiederfinden, so hat die Regionalverwaltung mittlerweile begriffen, dass der Tourismus sich auch positiv auf die Menschen auswirken kann. Und nach und nach entstehen in der südlichsten Region Italiens Initiativen, die auf eine erfolgreiche Zukunft hoffen: vom kleinen Wellnesshotel im Landesinneren bis zu traditionellen Familienbetrieben, die ihre Hotels oder Agriturismi auf einen sanften Tourismus einstellen und damit selbst ein nachhaltiges Argument gegen jenen Fremdenverkehr sind, der nur auf Zahlen und Umsätze achtet.

Gastfreundschaft als Religion

Neben diesem wachsenden Angebot in sanftem Tourismus darf Kalabrien sich einer bemerkenswerten Gastfreundschaft rühmen. Im Laufe der Jahrtausende hat sich diese Eigenschaft regelrecht eingebrannt in den Charakter der Bevölkerung. Man sagt den Kalabresen zwar nach, sie seien unberechenbar, dickköpfig und jähzornig, doch gelten sie gleichzeitig als ehrbar, treu und ausgesucht freundlich Fremden gegenüber.

Der englische Zeichner und Dichter Edward Lear, im 19. Jh. einer der ersten ausländischen Besucher der Region, hätte seine Reise durch den wilden Aspromonte sicher nicht ohne die Hilfe der Einwohner – und die ihrer Esel für das Gepäck – verwirklichen und seinen Nachfahren davon berichten können. Dieses Entgegenkommen, die Fremdenfreundlichkeit, führen die Volkskundler auf die greco-latinischen Ursprünge zurück. Und tatsächlich stand die freundliche Aufnahme von Fremden schon bei den Basilianer-Mönchen im Zentrum ihrer religiösen Praxis.

Die ehedem religiös motivierte Gastfreundschaft hat bis heute im Alltag an nichts eingebüßt. In Kalabrien gehört die Gastfreundschaft zum Lebensstil wie eine Religion. Ein weiteres Plus für eine Reise in die ›Stiefelspitze‹.

Kalabrien in Zahlen

Fläche: 15 000 km², sehr bergig, nur 9 % Ebenen; die größte Entfernung eines Ortes zur Küste beträgt 50 km.
Küstenlänge: 780 km
Längster Fluss: Crati (93 km)
Einwohner: 2,1 Mio.
Bevölkerungsdichte: 135 Einw./km²
Regionalhauptstadt: Catanzaro (95 000 Einw.)
Provinzhauptstädte: Reggio di Calabria (180 000 Einw.), Catanzaro (95 000 Einw.), Cosenza (72 000 Einw.), Crotone (60 000 Einw.), Vibo Valentia (35 000 Einw.)
Nationalparks: Parco Nazionale del Pollino, Parco Nazionale della Calabria, Parco Nazionale dell'Aspromonte

Geschichte

Cattolica-Kirche in Stilo

Vorgeschichte Funde weisen die Präsenz altsteinzeitlicher Menschen in San Pietro a Maida nach. Um 19 000 v. Chr. entsteht in der Grotta del Romito in Papasidero als Steinritzzeichnung das Bild eines Stiers. Im 6. Jahrtausend v. Chr. Siedlungen in der Ebene von Sibari.

1600–800 v. Chr. Griechische Historiker wie Strabos und Dionysios von Harlikanassos berichten von Siedlungen der Enotrier und Bruttier; vermutlich siedelten auch Italiker und Sikuler in Süditalien.

ab 8. Jh. v. Chr. Griechische Siedler kolonisieren Unteritalien und gründen die Städte *(poleis)* Sybaris, Lokroi, Kaulonia, Kroton und Reghion. Die unabhängigen Städte zählen zur Magna Graecia (Großgriechenland). 510 v. Chr. wird Sybaris von Kroton zerstört. Im 4. und 3. Jh. v. Chr. übernehmen dann Bruttier und Lukanier die Vorherrschaft.

218–201 v. Chr. Zweiter Punischer Krieg. Der Karthager Hannibal bekämpft das römische Heer und hält sich überwiegend in Unteritalien auf. Im Anschluss an den Krieg wird Unteritalien römisch; Statthalter verwalten die ehemals unabhängigen Städte und führen eine Art Feudalherrschaft ein.

6. Jh. bis Mitte des 11. Jh. Kalabrien gehört zum Reich von Byzanz. Mönche und Gelehrte aus Vorderasien, Nordafrika und Sizilien bringen – in Form des Christentums – wieder griechische Kultur nach Unteritalien, das eine Blütezeit erlebt, die bis in die Stauferzeit reicht. Die kalabro-griechischen Mönche (Basilianer) gründen zahlreiche Klöster. Seit dem 9. Jh. bedrohen und plündern Araber von Sizilien aus immer wieder die Küstenorte.

ab 1053 Die Normannen erobern Kalabrien, sie bringen Stabilität und ein staatlich kontrolliertes Feudalsystem. 1194 werden die Staufer, erst Heinrich VI., dann sein Sohn Friedrich II., zu ihren Erben. Ab 1265 übernehmen die französischen Anjou die Herrschaft, die Napoli (Neapel) zum Regierungssitz machen.

15.–18. Jh. Das spanische Haus Aragon übernimmt die Herrschaft in Süditalien und Sizilien (1442, Königreich beider Sizilien). Die Arbëresh, Christen aus Albanien, lassen sich auf der Flucht vor den Türken in Kalabrien nieder. Gegen Überfälle der Korsaren von der Barbareskenküste werden die Küsten mit Wehrtürmen gesichert. Ab 1735/1745 gehen Süditalien und Sizilien in die Herrschaft der Bourbonen über.

19. Jh. bis 1860 Von 1806 an ist Napoleons Schwager Joachim Murat König von Neapel. Die Restauration der Bourbonenherrschaft seit 1815 ist geprägt von der Despotie des Klerus und des Adels. Das Elend der Massen führt zu Emigration, vorwiegend nach Amerika, und begünstigt das Bandenunwesen. Freiheitsbestrebungen kulminieren im Volksaufstand unter Garibaldi, der mit der sog. Schar der Tausend Sizilien und Süditalien erobert.

1861 Einigung Italiens. In Norditalien schreitet die Industrialisierung voran, doch der Süden bleibt das Armenhaus.

1946 Im Anschluss an den Zweiten Weltkrieg wird Italien nach einer Volksabstimmung Republik. Die Emigration der Kalabresen dauert an, im Innern der Region werden ganze Landstriche entvölkert. Riten und Volkskultur sterben ab.

1950 Die Cassa per il Mezzogiorno (bis 1980) soll den wirtschaftlichen Aufschwung Süditaliens fördern. Das Modell einer Industrialisierung nach norditalienischem Vorbild erweist sich jedoch als ungeeignet.

1970 Die Regionshauptstadt wird von Reggio nach Catanzaro verlegt. In Reggio wird dadurch ein Prozess des Verfalls ausgelöst, der die Zusammenarbeit der Politiker mit der Ndrangheta, der kalabrischen Mafia, begünstigt. Eine der Folgen ist Bauspekulation an der Küste.

1991 Durch die Direktwahl des Bürgermeisters erhalten die Städte deutlich mehr Autonomie und erleben einen Aufwärtstrend.

2008 Auch die vierte Regierung Berlusconi hält am umstrittenen Projekt einer zwölfspurigen Brücke über die Meerenge von Messina nach Sizilien fest, während sie gleichzeitig der Region EU-Fördergelder entzieht und den dringend nötigen Ausbau der A3 nur schleppend vorantreibt.

Gut zu wissen

Bahnhof San Nicola zwischen Camigliatello und San Giovanni in Fiore

Al banco

In der Bar oder im Café ist der Verzehr von Speisen und Getränken an der Theke *(al banco)* meistens günstiger als sitzend *(al tavolo)*. Es geht schneller und macht daher weniger Arbeit. Die *baristi* freuen sich trotzdem über ein kleines Trinkgeld.

Buon Giorno

Ein freundliches, ehrliches ›Guten Tag‹ ist überall der ideale Einstieg zur Kontaktaufnahme, auch wenn man nur wenig Italienisch spricht. Denn ein netter Gruß gehört zum guten Ton und öffnet häufig die Tür zur kalabrischen Gastfreundschaft. Ein aufgeschlossenes Interesse Land und Leuten gegenüber wird immer mit Sympathie, Freundlichkeit und Hilfsbereitschaft erwidert. Jene Gäste aber, die meinen, mit Geld alles kaufen zu können, die den Einheimischen mit Misstrauen begegnen und in den Kalabresen nur Dickschädel, Banditen oder Entführer sehen, erregen Skepsis und Desinteresse.

Fotografieren

Eine freundliche Nachfrage beim vermeintlichen Fotomodell schadet nie – meistens fällt die Antwort dann auch positiv aus. Fotografieren mit Blitz ist in vielen Kirchen und Museen verboten! Filmmaterial ist in Italien und besonders in den Badeorten meistens teurer als nördlich der Alpen.

Klima/Reisezeit

Die Region wird in drei Klimazonen eingeteilt: Die tyrrhenische Seite zeigt sich mild mit Niederschlägen in den Wintermonaten. Heiß und trocken hingegen ist es am Ionischen Meer, auch im Winter fällt nur wenig Regen (500 mm Jahresniederschlag). In den Gebirgslagen vor allem der Sila und des Pollino ähnelt das Klima dem der Alpen. Dank der hohen Niederschläge im Winter gehören diese Gebiete zu den waldreichsten in Italien.

Als Reisemonate sind der Juli und besonders der August nur eingeschränkt zu empfehlen, denn dann ist in Kalabrien Hauptsaison. In dieser Zeit nehmen die meisten Italiener ihren Jahresurlaub. In den Badeorten herrscht reger Trubel und die Übernachtungspreise können sich verdoppeln. Mit Temperaturen um 30 °C ist es sehr heiß. Bleiben zehn Monate, in denen Kalabrien immer sehenswert ist. Wer schwimmen möchte, kann dies mit großer Sicherheit von Mitte Mai bis Ende Oktober tun. Für Wanderer sind außer der schönen (Vor-)Frühlingszeit auch die Herbst- und Wintermonate gut geeignet. Denn gewöhnlich wird es nur in den Höhenlagen kälter als 7–10 °C, und bei Sonnenschein sind die Temperaturen auch im Dezember und Januar relativ frühlingshaft.

Località

Viele Adressen auf dem Land, am Rande oder außerhalb der Ortschaften kommen ohne einen genauen Straßennamen aus und begnügen sich mit der Bezeichnung der *Località (Loc.)* oder der *Contrada (Cda)*. Sie bestehen in der Regel aus ein paar Häusern, um ein oder zwei Straßen gruppiert, wo man das gesuchte Ziel auch ohne genauere Angabe nicht verfehlen kann.

Preisniveau/Reisekasse

Im landesweiten Vergleich liegt Kalabrien eher in der unteren Preisspanne, obwohl auch hier der Euro für eine allgemeine Preiserhöhung sorgte. Dennoch ist die Region im Durchschnitt günstiger zu bereisen als die italienischen Urlaubsklassiker wie die Toskana oder die nördliche Adriaküste, was daran liegt, dass in Kalabrien die Lebenshaltungskosten günstiger sind als in Norditalien oder in den großen italienischen Städten.

Als Faustregel gilt zudem, je weiter entfernt von der Küste, den bekannten Badeorten oder den einschlägigen Routen eine Unterkunft oder ein Lokal liegt, desto günstiger der Preis.

Für ein Doppelzimmer im Mittelklassehotel sollte man im Durchschnitt 60–90 € veranschlagen. Gehobenen bis luxuriösen Komfort gibt es ab 120 € pro Doppelzimmer. Übernachtungen im Agriturismo bewegen sich im Schnitt in der Preisspanne von 50 bis 80 € pro Nacht und Doppelzimmer.

Das Preisniveau für ein Essen im Restaurant oder der Trattoria beginnt bei 15–20 € pro Menü (ohne Getränke) und erreicht Spitzen von 35–40 €. Da Kalabrien nicht den Ruf eines typischen Gourmet-Reiseziels genießt, werden diese Preisspitzen selten von den Restaurants überschritten. Das hat einen Vorteil: Für einen moderaten Preis kann man oft ausgezeichnet essen gehen. In Rom oder Mailand würde auf der Rechnung schnell der doppelte Betrag stehen.

Relativ bescheiden sind die Eintrittspreise für Museen und Ausgrabungen. In vielen kleinen Museen ist der Eintritt sogar kostenfrei. Im Durchschnitt liegen die Eintrittspreise bei 2–3 €. Auch für kulturelle Höhepunkte wie das archäologische Nationalmuseum in Reggio di Calabria wird in der Regel nicht mehr verlangt als 5 €. Wobei in den staatlichen Museen der Eintritt für Besucher unter 18 und über 65 Jahren frei ist. Die 18- bis 24-Jährigen zahlen den halben, die 25- bis 65-Jährigen den vollen Preis.

Im Restaurant

Hier ist es üblich, innen am Eingang zu warten. Kellner oder Bedienung fragen dann bald nach der Personenzahl und bieten einen Tisch an. Ist es nach dem Essen spät geworden, sollte die Frage nach weiteren Wünschen mit der Bitte nach der Rechnung beantwortet werden. Diese wird immer für den gesamten Tisch ausgestellt. Einzeln zu bezah-

Fliegende Händler am Strand

Hier kann man seine Rhetorik im Verneinen verbessern oder mit Badehandtuch und Strandtasche ein Schnäppchen machen. Die Italiener begegnen ihnen meist gelassen und mit beispielhafter Vorurteilslosigkeit.

Kalabrische Bräuche: Diese Masken sollen den bösen Blick vertreiben

len ist unüblich. Einer am Tisch zahlt den Gesamtbetrag, der erst anschließend durch die Zahl der Esser geteilt wird. Trinkgeld (5–10 %) ist kein absolutes Muss, aber eine nette Geste. In der Regel lässt man das Kleingeld beim Gehen auf dem Tisch liegen, auch wenn man mit Kreditkarte gezahlt hat.

Wer preiswert einkaufen möchte, sollte die Erzeuger, wie etwa Imker, Olivenöl- oder Zwiebelproduzenten, direkt aufsuchen. Dort werden die Produkte zwar oft nur in größeren Mengen, aber dafür garantiert frisch und um einiges günstiger als im Supermarkt oder im Einzelhandel abgegeben.

Spartipps & Ermäßigungen

Einige Hotels bieten bei der Reservierung über das Internet Spartarife an – der Blick auf die Website kann sich also durchaus lohnen. Wer im Hotel übernachtet, sollte zudem bedenken, dass Halb- oder Vollpension günstiger ist, als ein Doppelzimmer mit Frühstück zu zahlen und täglich ins Restaurant zu gehen.

Da in Reggio di Calabria preiswerte Unterkünfte rar sind, empfiehlt es sich bei einem niedrigen Reisebudget, nicht in der Stadt zu übernachten, sondern nach Scilla oder an die Jasminküste auszuweichen, wo sich günstigere Unterkünfte finden lassen.

Schnellpost

Die *Posta Prioritaria* ist die flotte Alternative zur herkömmlichen Briefmarke: Mit der Vorzugsbriefmarke für 0,65 € erreichen Briefe und Postkarten nach zwei bis spätestens drei Tagen ihr Ziel. Ein entsprechender blauer Aufkleber mit der Aufschrift *Posta Prioritaria* auf den Briefkästen muss auf den garantiert schnellen Transport hinweisen. Prioritaria-Briefmarken sind auch für Großbriefe erhältlich.

Scontrino

Der Kassenbon *(scontrino)* ist eine ernste Angelegenheit in ganz Italien. Anders als nördlich der Alpen dürfen ihn

Kunden und Gäste, gleich ob in der Bar, im Geschäft, der Pizzeria oder im Souvenirladen, nicht an der Kasse liegen lassen. Er muss eingesteckt werden, wenn auch nur für kurze Zeit, denn vor der Tür des Ladens kann die Finanzpolizei stehen, um zu kontrollieren, ob der Umsatz auch registriert wurde. Fehlt der Scontrino, kann es eine Geldbuße geben. Nach 50 m kann man den Bon dann aber dem Mülleimer überlassen.

Sicherheit

Nach der kalabrischen Variante der Mafia (Ndrangheta) wird man vergeblich Ausschau halten. Das organisierte Verbrechen ist für Fremde und Urlauber so gut wie nicht sichtbar. Kalabrien als Reiseziel ist nicht gefährlicher als andere Urlaubsregionen Europas, sodass hier eine allgemeine, unverkrampfte Umsicht nicht schaden kann: Lassen Sie keine Wertsachen oder Kameras sichtbar im Auto liegen. In touristischen Zentren sollte man nicht mehr Geld als nötig mit sich herumtragen, Kameras sollten nicht zur Schau gestellt werden. Sie gehören in die Tasche, wenn man nicht gerade fotografiert.

Tabacchi

Außer Zigaretten werden hier auch Telefonkarten, Taschentücher, Tampons und Briefmarken verkauft. Für Raucher wichtig: Viele Läden schließen gegen 21 Uhr, und der nächste Zigarettenautomat kann dann weit weg sein.

Trinkgeld

Wie in ganz Italien wird auch in Kalabrien Trinkgeld in Maßen gegeben. Im Taxi wird die Endsumme oft leicht aufgerundet. In den übrigen Dienstleistungsbereichen freuen sich die Mitarbeiter über eine kleine Anerkennung (z. B. Frisör, Hotelpersonal, kulturelle Führungen), die signalisiert, dass der Kunde mit dem Service besonders zufrieden war.

Waldbrände

Während der Sommermonate besteht in der ganzen Region Brandgefahr, und oft genug brechen Feuer mit verheerenden Folgen für Wälder und Böden aus. Ursache für die Brände ist vor allem Brandstiftung. Dennoch sollte man die Gefahr durch achtlosen Umgang mit Flammen und Feuer nicht unterschätzen. Deswegen sind Lagerfeuer, wildes Grillen außerhalb dafür vorgesehener Einrichtungen sowie das Wegwerfen von brennenden oder leicht entflammbaren Gegenständen (glühende Zigaretten, Glas, Spraydosen) verboten. Bei noch so kleinen, scheinbar harmlosen Feuerchen oder verdächtigen Gestalten, die mit Benzinkanistern und Lunten hantieren, sollte man immer die Feuerwehr (Tel. 115) oder den Waldbrand-Notruf (Tel. 15 15) anrufen.

Wassermangel

Wenn sich in den Sommermonaten die Einwohner vieler Ortschaften auf Grund der Urlauberpräsenz vervielfachen, können die Wasservorräte knapp werden. Deswegen ist ein maßvoller und sparsamer Umgang mit der wertvollen Ressource Wasser auch im Urlaub ratsam. Wenn das Wasser beim Zähneputzen ständig läuft, dann fehlt es an anderer Stelle, beispielsweise zum Bewässern der Felder. Man sollte demnach unnötig langes Duschen, Spülen oder das Abwaschen von Obst bei fließendem Wasser vermeiden. Auch der Umgang mit der Klimaanlage im Hotel sollte verantwortungsbewusst sein und sich auf das nötige Minimum reduzieren. Die Umwelt wird es Ihnen danken.

Feste & Unterhaltung

Dornbuschprozession in Palmi

Feiertage

1. Januar – Neujahr (Capodanno)
6. Januar – Dreikönigstag (Epifania)
25. April – Tag der Befreiung vom Faschismus (Giorno della Liberazione)
1. Mai – Tag der Arbeit (Giorno del Lavoro)
2. Juni – Nationalfeiertag (Festa della Repubblica)
15. August – Mariä Himmelfahrt (Ferragosta)
1. November – Allerheiligen (Tutti Santi)
8. Dezember – Mariä Unbefleckte Empfängnis (Immacolata)
25./26. Dezember – Weihnachten (Natale)

Feste & Festivals

Kirchliche Feste

Die wichtigsten lokalen Feste sind die Patronatsfeste für die jeweilige Schutzheilige oder den Schutzheiligen in jedem Ort, die manchmal sogar mehrfach im Jahr gefeiert werden.

Volksfeste

Im katholischen Kalabrien bestimmen auch andere religiöse Riten die Volkskultur – Kalabrien hält ein interessantes Angebot an Festivitäten *(sagre)* bereit: Volksfeste und Messen, Erntefeste und Feiern der landwirtschaftlichen Produkte oder denen des Meeres wie die Schwertfischfeste (meist *sagra di pesce* genannt) an der Costa Viola. Außerdem gibt es seit 2001 die jährlich in verschiedenen Orten stattfindende Fiera dei 100 Comuni, die im Juni mit kulinarischen und folkloristischen Probehäppchen aus 100 Orten wie in einem Mosaik das charakteristische Kultur-Menü Kalabriens darstellen will.

Karnevalsfeste

Der Carnevale del Pollino in Castrovillari hat sich als internationales Folklorefestival seit mehr als 45 Jahren etabliert, aber auch andere Orte feiern ihre Fastnacht.

Kulturfestivals

Wie im kulturell wieder erwachten Cosenza trifft man sich in einigen Städten alljährlich zu Kulturfestivals, die den Touristen wie auch den Einwohnern die Sommermonate bunter machen sollen.

Ostern

A 'Nanca, Karfreitag in Catanzaro: große Karfreitagsprozession mit Laiendarstellern.

I vattienti, Ostersamstag in Nocera Terinese: Die Selbstgeißler geben diesem Osterumzug Farbe, vor allem die des Blutes, welches aus ihren Waden und Oberschenkeln tropft.

Fastnacht

Carnevale del Pollino in Castrovillari: Mit Umzügen, Friedensmesse, Straßenkünstlern, Konzerten und gastronomischen Präsentationen zieht man hier alle Register der spektakulären Unterhaltung.

Pfingsten

Feste Arbëresh in Santa Sofia d'Epiro: Die Menschen albanischer Herkunft präsentieren griechisch-byzantinische Tänze, Trachten und Musik.

Mai

Festa della Bandiera, dritter Maisonntag in Morano Calabro: Mit historischen Szenen und Umzügen wird die Befreiung der Bevölkerung von der Herrschaft der Sarazenen im 9. Jh. gefeiert.

Juni

Primavera dei Teatri, erste Juni-Häfte in Castrovillari: Eine Woche lang werden junge und experimentelle Theaterproduktionen gezeigt.

Juni/Juli

Festivale Grecanico, Bova: Die griechisch-orthodoxe Bevölkerung feiert jährlich zusammen mit den Nachbarorten und den Vertretern der Partnerstädte in Griechenland ihre Herkunft.

Festivale dei due fiumi, Cosenza: mehrwöchiges Sommerprogramm mit unbekannten und bekannten Künstlern und Musikern.

Sommerprogramm in Altomonte: Die besonders aktive Gemeinde ist stolz darauf, mit Klassik, Theater, Kino, Rock und Blues sogar ›Stammgäste‹ aus Amerika anzulocken.

Juli

Sagra del pesce spada, Bagnara Calabra: das Fest zum Fischfang. Auf dem Höhepunkt der Schwertfischzeit werden die Delikatessen beim Schwertfischfest angeboten.

Krotoniadi, Crotone: Die Stadt organisiert im Sommer Theater-, Sport- und Musikveranstaltungen auf ihren Plätzen, beflügelt vom olympischen Geist und vom Leben der antiken Magna Graeca.

August

Meeresprozession der Madonna (processione della madonna sul mare), 15. August in Palmi: Diese Prozession gilt als besonders sehenswertes religiöses Fest. Madonnen über dem Meer sind ja auch ein recht seltener Anblick.

Wie Kalabrien feiert

Der profane Höhepunkt der meisten Feste steht an ihrem Ende: ein langes Feuerwerk, das einen großen, wenn nicht den größten Teil des Budgets ausmacht und gleichzeitig die Messlatte für die Spendierfreudigkeit der Gemeindemitglieder und die Kompetenz der Organisatoren ist. Heute hat sich in einigen dieser Orts- und Volksfeste eine deutliche Prise touristische Prägung gemischt, doch kann man in Kalabrien wie in allen süditalienischen Regionen noch viele authentische Feste erleben. Günstigerweise finden die meisten zwischen Juni bis September statt, abgesehen von den wichtigsten kirchlichen Festen wie Ostern und Weihnachten.

Festa di San Rocco, 16. August in Palmi: Die Dornenbüßer, die *spinati*, die auf ein Wunder hoffen, charakterisieren das Fest. Die männlichen Büßer müssen dabei am ganzen Körper die Dornen ertragen, die Frauen tragen nur eine Dornenkrone.

Festa di San Rocco, 16. August in Scilla: zu Ehren von San Rocco von Montpellier, einem Heiligen, der im 14. Jh. in verschiedenen Orten Kalabriens Wunder volbrachte. Zum Abschluss gibt es ein spektakuläres Feuerwerk zu Ehren des Heiligen.

Jazz-Festival, Mitte August in Roccella Ionica: mittlerweile etabliertes Festival mit nicht nur italienischen Musikern.

Weltmusik Festival, Mitte/Ende August in Condofuri: noch junges, sehr engagiertes Festival zur mediterranen Weltmusik (Info bei Il Bergamotto, s. S. 86).

Zu Ehren der heiligen Jungfrau

Am letzten Sonntag im August findet in Palmi die Varia statt, eine Prozession zu Ehren der heiligen Jungfrau, die allerdings nicht jedes Jahr stattfindet (das nächste Mal voraussichtlich 2011, Infos unter www.variadipalmi.it). Früher wurden bei dieser Darstellung von Mariä Himmelfahrt auf einem großen Karren einige waghalsige junge Mädchen hoch oben auf einer Art überdimensionalem, mit Sonnen und Engelsbildnissen geschmückten Zuckerhut aus Pappmaschee durch die Straßen getragen. Ganz oben auf dem Gestell saß die *animella*, das lebendige Symbol für die Madonna. Aus Sicherheitsgründen haben mittlerweile Puppen diese Funktionen übernommen.

September

Peperoncino-Festival, Anfang September, Diamante: eine mehrtägige Show um die scharfe Schote. Höhepunkt ist das Peperoncino-Wettessen (s. S. 68).

Ausgehen

Kalabrien ist zum Nightclubbing sicher nicht die beste der italienischen Regionen. Natürlich gibt es auch hier Diskotheken, Bars und moderne ›Mehrzweckunterhaltungstempel‹, vor allem in den größeren Städten, doch wirken sie meistens wie ein deutlicher Stilbruch, sowohl in der Landschaft als auch angesichts der abendlichen Gewohnheiten der Kalabresen: sie bevorzugen noch immer den persönlichen Kontakt unter Bekannten und Freunden, wobei die Orte des Zusammenkommens weniger wichtig sind als die Beteiligten.

Für die Kalabrien-Urlauber bieten sich demzufolge vor allem zwei Möglichkeiten: entweder man wird in die private Abendgestaltung seiner Gastgeber integriert oder man improvisiert einen unterhaltsamen Abend und nutzt dabei das aktuelle Nachtangebot, das besonders im Sommer auch im kleinsten Ort kurzfristig an den Häuserwänden plakatiert wird.

So kommen die Reisenden in Kalabrien selbst in der entlegenen Provinz auf ihre Unterhaltungskosten – bei Freiluftdiscos, Sportveranstaltungen mit Musik oder den vielen lokalen Festen, die meist auch die Produkte der Region präsentieren.

Italiener und somit auch die Menschen in Kalabrien gelten als kinderfreundlich und sind es auch. Die Bedürfnisse der *bambini* werden auch im Urlaub ernst genommen und Hotels, Campingplätze und Restaurants sind auf Kinder eingestellt, zumal Italiener in der Regel mit der ganzen Familie verreisen und Oma oder Tante ebenfalls oft dabei sind.

Kinder genießen relativ viele Freiräume – es stört niemanden, wenn es mal ein bisschen lauter zu geht. Abends dürfen auch die ganz Kleinen länger aufbleiben, sie sind im Restaurant dabei oder toben auf der Piazza. Dieser Rhythmus erlaubt es, dass die Kinder während der heißen Mittagszeit zwischen 12 und etwa 16 Uhr, wenn sie die Sonne wegen der hohen UV-Strahlung sowieso meiden sollten, ihren Mittagsschlaf machen. Es kann sich also lohnen, sich diesem Rhythmus anzupassen, sofern die Kinder ihn auch mitmachen.

Tipps für den Reisealltag

Pflegeprodukte und Windeln für Kleinkinder sind in Supermärkten, Drogerien und den so genannten *Farmasanitari* erhältlich. In Apotheken und den Farmasanitari findet man Babynahrung und spezielle Produkte, die empfindliche Kinderhaut vor Stechmücken schützen. Besonders empfindliche oder gar allergische Kleinkinder und Säuglinge sollte man allerdings nachts mit einem Moskitonetz schützen, das man gegebenenfalls selbst mitbringen muss. Da nördlich der Alpen das Angebot an günstigen No-Name-Produkten in den Drogeriemärkten größer ist, empfiehlt es sich, Sonnencremes mit hohem Lichtschutzfaktor (25–30) und andere Pflegemittel schon vor der Reise zu besorgen. Kleinkinder sollten am Strand immer eine Mütze tragen. Säuglinge sollten gar nicht in die pralle Sonne, deswegen empfiehlt sich die Mitnahme eines Sonnenschirms, sofern der nicht vom Hotel, Campingplatz oder von der Pension gestellt wird. Selbstverständlich kann man Sonnenschirme auch vor Ort erwerben.

Restaurants und Trattorien gehen gerne auf Kinderwünsche ein und bereiten ein einfaches Nudelgericht zu, auch wenn es nicht auf der Karte stehen sollte. Oft erkundigt sich das Personal auch spontan danach, was die Kinder essen möchten. Wer unterwegs ein Fläschchen oder Babynahrung aufwärmen möchte, kann für gewöhnlich in jeder Bar um diesen kleinen Gefallen bitten.

Besonders erlebnisreich lässt sich für Kinder der Aufenthalt in einem Agriturismo (Ferien auf dem Bauernhof) gestalten, da der Kontakt zur Landschaft, zur Pflanzen- und Tierwelt auf dem Hof besonders nah ist und meistens ausreichend Platz zum Spielen zur Verfügung steht.

Unternehmungen

Kalabrien ist für Kinder vor allem als abenteuerlicher Naturschauplatz reizvoll. Die langen Sandstrände und das saubere Meer bieten viel Raum für Entdeckungen und Spiele an Land, über und unter Wasser. Abwechslungsreich ist die bunte Unterwasserwelt am Capo Rizzuto, die man von einem Glasbodenboot aus beobachten kann (s. S. 111). Einen Einblick in die Welt des Lakritz bietet das Museo della liquirizia in Rossano (s. S. 88), und das naturkundliche Museum Il Nibbio in Morano Calabro (s. S. 75) stellt anschaulich die vielfältige Tierwelt des Pollino dar.

Übernachten

Liegestuhl mit Aussicht

Das Angebot an touristischen Unterkünften reicht vom Campingplatz bis zu Hotels der gehobenen Mittelklasse, Luxushotels jedoch sind rar. An der Küste finden sich verhältnismäßig viele Hotelbauten aus den 1960er- und 70er-Jahren, die kaum einen Preis in der Kategorie ›Schöner Wohnen‹ gewinnen würden, sowie Ferienanlagen neueren Datums, die mit Individualtourismus wenig bis nichts zu tun haben. Unsere Hotelauswahl bezieht sich vorwiegend auf erschwingliche und atmosphärisch angenehme Unterkünfte.

Hotels

In der Mehrzahl der Häuser liegen die Doppelzimmer in der Preisklasse von 60 bis 90 €. Damit ist Kalabrien im Vergleich zu anderen italienischen Regionen kein teures Reiseziel. In der Hochsaion steigen die Übernachtungspreise häufig um 30–40 %. Dann bieten die meisten Hotels nur Übernachtungen mit Vollpension an. In den Wintermonaten (Nov.–März) schließen viele Hotels. Wer zu dieser Zeit reist, sollte sich versichern, dass er auch geöffnete Unterkünfte vorfindet.

Agriturismo

Zunehmender Beliebtheit erfreuen sich die Agriturismi, die italienische Variante von Ferien auf dem Bauernhof, die auch preislich eine interessante Alternative zu herkömmlichen Hotels darstellen. Viele kleine Landwirtschaftsbetriebe haben sich damit ein zweites Standbein geschaffen. Der Gast profitiert von der familiären Atmosphäre und dem naturnahen Ambiente – speziell für Familien mit Kindern ein reizvolles Angebot.

Ferienwohnungen, Privatzimmer

Die größte Auswahl an Ferienwohnungen und Privatzimmern findet sich an der Küste. Ferienwohnungen können vorab über Reisebüros oder im Internet gebucht werden, z. B. unter www.1-ferienwohnungen-italien.de. In vielen Orten ist es auch immer noch möglich, auf der Piazza oder in einer Bar nach einer Privatunterkunft zu fragen. In Tropea vermittelt die Touristeninformation Pensionszimmer oder Appartements.

Camping

Die Auswahl an Campingplätzen reicht von einfach bis komfortabel. Der Großteil der Plätze liegt an der Küste, viele bieten auch Bungalows mit Kochnische an, die eine gute Alternative zum einfachen Zeltplatz sind. Im Innern der Region verfügen oft die Agriturismi über einige Stellplätze für Zelte.

Wie buchen?

Man kann die Reise nach Kalabrien zum ersten Kennenlernen der Region möglicherweise als Supersonderangebot bei einem Pauschalveranstalter buchen, Ausflüge und Unterhaltung inklusive; Kalabrien lässt sich aber auch auf eigene Faust entdecken: zu Fuß, auf dem Fahrrad oder Motorrad, im eigenen Auto, Mietwagen, Bus oder in der Eisenbahn.

Die zweite Variante wird vermutlich die teurere werden, aber auch die mit den authentischeren Erlebnissen und Eindrücken. Wer nur das Meer, das gute Essen und die wilde Landschaft Kalabriens wie Postkartenmotive vor sich haben will, dem sei eine Pauschalbuchung empfohlen, wer das Land erreisen will, der sollte sich mit einem eigenen Fortbewegungsmittel ausstatten und, je nach Saison, entweder gar nichts vorbuchen oder im Voraus zumindest ein paar sichere Übernachtungen festmachen. Wer mittlerweile nur noch bequem im Internet bucht, wird auf diese Art und Weise in Kalabrien zwar immer noch gerne als Gast interntional bekannter Hotelketten oder großer Ferienanlagen eingebucht, aber die Seiten und das Internetangebot kleiner Hotels, Pensionen, agriturismi und B & B nimmt ständig zu. (s. S. 5).

Die Frage nach dem besonders praktischen Standort stellt sich in Kalabrien weder für Wander- noch für Wasserratten: Meer und Berge sind von welchem Ort auch immer nie weiter als 50 km entfernt und man hat sogar die Wahl zwischen Ost- und Westküste.

Ein geradezu idealer Ort, nicht nur für einen mehrtägigen Aufenthalt, ist sicherlich Morana Calabro: Von hier geht es sehr schnell sowohl zum Pollino-Massiv als auch zur Küste von Sibari.

Wer gerne Rundfahrten unternimmt, aber unbedingt am Meer schlafen will, der hat die Wahl zwischen etwa der Küste bei Cosenza und dem Capo Vaticano oder dem Capo Rizzuto an der Ostküste.

Am meisten Nachtleben gibt es in Cosenza, Tropea, Reggio di Calabria, Le Castella und Crotone, wobei das Nachtleben auch in den touristisch etablierten Orten relativ ist: Schon wenige Tage nach der Hauptsaison fällt manche Disco in den Winterschlaf oder öffnet nur noch sehr unregelmäßig.

Urlaubsorte im Überblick

Im Sommer nicht zu übersehen: der nördliche Bereich Kalabriens ist für viele Neapolitaner ein nahe gelegenes Urlaubsgebiet, und wer Spaß am Durcheinander hat, kommt etwa in Scalea im Juli und August auf seine Kosten. Ähnlich trubelig geht es in Tropea und Umgebung zu, wo der Anteil der Gäste aus Nordeuropa zunimmt und das touristische Angebot auch.

Die Einsamkeit Kalabriens liegt noch weiter im Süden. Scilla und Bagnara Calabra an der Costa Viola sind hier angenehme Ausgangspunkte zu ruhigeren Küstenabschnitten, aber auch ins Landesinnere zur verlassenen ›Kontrastlandschaft‹ des Aspromonte. Wer das Meer nicht immer sehen möchte, dem seien hier außerdem die hübschen mittelalterlichen Orte Stilo oder Gerace und im Norden etwa Morano Calabro oder Altomonte empfohlen.

An der Ostküste Kalabriens sind Soverato, Le Castella und Cirò Marina die touristischen Zugpferde der Region, leider auch mit weniger romantischen, sondern eher gigantischen Hotelanlagen oder Feriendörfern in Strandnähe wie bei Catanzaro oder Crotone.

Essen & Trinken

Kalabrische Spezialitäten: Peperoncino, Kapern, rote Zwiebeln

Die kalabrische Küche

Als ein traditionsbewusster Hotelier bei einer Hochzeitsfeier die ersten Vorspeisen auftischen ließ, bekam die Brautmutter einen Schreianfall, fiel fast in Ohnmacht, und keiner wusste, warum. Offenbar hing ihr Zustand mit der Auswahl der Antipasti zusammen, und bald wurde klar, dass es die getrockneten Paprika waren, die ihre Panik auslösten. Denn ein so ärmliches Gericht sollte das Hochzeitspaar nie wieder essen müssen. Getrocknete Paprika hatten beim Festmahl nichts zu suchen, den Lachs allerdings hätte sie gerne in größeren Mengen auf der Tafel gefunden.

Die Anekdote zeigt das Spannungsfeld, in dem sich die kalabrische Küche befindet: Es gibt unzählige Delikatessen ganz einfacher Art, die für viele Gäste positives Traditionsbewusstsein bedeuten, für die Kalabresen jedoch nur Erinnerungen sind – an die eigene Armut und die Verlorenheit in einer der schwächsten Regionen Europas.

Da Kalabrien auch heute noch eine recht unzugängliche Region ist, haben sich speziell im bergigen Inneren die kulinarischen Traditionen gut erhalten. Besonders die Pilze im Pollino und in der Sila, die entweder eingelegt oder geröstet auf den Tisch kommen, sollte man gekostet haben. Andererseits ist von jedem Punkt Kalabriens aus das Meer sehr schnell zu erreichen. Daher hat man fast überall im Land die Wahl zwischen Fisch und Fleisch – Traditionalisten essen Fisch, wie andernorts auch, aber nur am Meer.

Zwar ähnelt die Küche Kalabriens der in Kampanien – Basisprodukte sind Getreide (für die Pasta), Gemüse und Olivenöl –, doch sind die Ergebnisse meistens schärfer. Oft lässt sich mehr als nur eine Prise Peperoncino herausschmecken. Hier würzt die scharfe Schote mehr oder weniger alles: Tomaten, Paprika, Auberginen, Fisch und Fleisch, sogar Schokolade und Grappa sind mit dem Geschmack der italienischen Chili zu haben. Und man bekommt auch schon mal rohe Peperoncini auf dem Vorspeisenteller angeboten, zusammen mit manch einem Püree, das zwar unscheinbar aussieht, es aber feurig in sich hat. Aus der langen Reihe der typischen kalabrischen Nachspeisen sind die Produkte hervorzuheben, die das Aroma der Bergamotte enthalten und vor allem ganz im Süden angeboten werden.

Für seine Weine ist der Ort Cirò bekannt. Hier wird seit mehr als zwei Jahrtausenden aus der Gaglioppo-Traube ein hervorragender Rotwein produziert, den schon die Griechen so sehr schätzten, dass er den damaligen Olympiasiegern als Prämie kredenzt wurde.

Kulinarischer Tagesablauf

Der Tag beginnt mit einem Espresso oder einem Cappuccino und Frühstücksgebäck, z. B. einem *cornetto* (Hörnchen). Das Mittagessen *(pranzo)* besteht wie überall in Italien meistens aus zwei Gängen *(primo e secondo)*. Auf Nudeln oder Gemüsesuppen folgen Fleisch – vorwiegend von Schwein, Ziege oder Lamm – oder eben Fisch. Die Beilage *(contorno)* muss meistens extra bestellt werden und kann auch mal als *secondo* genügen. Das Angebot ist reichhaltig und umfasst Kartoffeln aus Kalabrien, eingelegte Gemüse, Auberginen in Form von Frikadellen und frische Salate. Statt Nachtisch *(dolce)* nehmen viele nur einen *caffè*. Das Abendessen *(cena)* ab 20 Uhr fällt meistens umfangreicher aus. Eine Vorspeise *(antipasto)* geht den Hauptgängen voraus, ein Nachtisch oder Obst *(frutta)* können folgen.

Ristorante, Trattoria & Pizzeria

Das Angebot an Lokalen reicht in Kalabrien von der einfachen Trattoria und Osteria bis zum Feinschmeckerrestaurant. Während die gehobene Gastronomie die traditionellen Rezepte gerne verfeinert und den Gaumen und Augen des 21. Jh. anpasst, ist die Alltagsküche in den unscheinbareren Lokalen oft noch unverfälscht lebendig, und Mutter und Großmutter stehen gemeinsam am Herd.

Im Gegensatz zu den Restaurants halten diese Lokale häufig keine feste Speisekarte bereit. Das Angebot wird von der Bedienung vorgetragen oder die Gäste werden aufgefordert, sich vertrauensvoll der Zusammenstellung von Kellner und Küche zu überlassen. Nicht immer lassen sich die kulinarischen Grenzen zwischen Pizzeria, Trattoria und Restaurant so klar ziehen. Viele Restaurants servieren auch Pizza, und manch eine Osteria ist insgeheim doch ein Restaurant mit fester Speisekarte und entsprechenden Preisen.

Unausgesprochen gehen viele Gastwirte davon aus, dass Touristen ebenso wie Einheimische zwei oder drei Gänge essen möchten: beispielsweise ein *antipasto* gefolgt von *primo* oder *secondo* und einem Dessert. Im Gegensatz dazu kann man es in der Pizzeria tatsächlich bei einer Pizza belassen. Wasser und Wein sind die idealen Begleiter zum Essen. Bier wird übrigens vorwiegend zur Pizza getrunken.

Preise und Bezahlen

Für ein gutes Menü im Restaurant sollte man etwa 20–35 € kalkulieren. Günstiger sind die einfachen, traditionellen Lokale wie Trattoria oder Osteria (15–20 €). Eine preiswerte Alternative am Abend ist die Pizzeria (etwa 10 €). Appetit auf Pizza sollte man deshalb möglichst in die Abendstunden legen, da mittags nur sehr selten Pizza angeboten wird. Die meisten Restaurants akzeptieren die gängigen Kreditkarten (z. B. Mastercard und Visa) oder die Maestro-Karte, in den einfachen Trattorien und Pizzerien hingegen ist das nicht immer der Fall. Dort muss häufig mit Bargeld gezahlt werden.

Öffnungszeiten

Wie überall im Süden wird im Vergleich zum Norden etwa eine Stunde später zu Tisch gebeten. Die Restaurants sind mittags von 12.30 bis 15.30 Uhr und abends von 20 bis 23 Uhr geöffnet, im Sommer auch bis Mitternacht und darüber hinaus. Während der Saison, also etwa von Juni bis Anfang Oktober, verzichten die meisten Lokale auf ihren Ruhetag und haben die ganze Woche über geöffnet.

Kulinarisches Lexikon

Regionale Spezialitäten

Baccalà: in Salz konservierter Klippfisch.

Bianchetti: winzige Jungfische.

Bottarga di tonno: Thunfischrogen.

Caciocavallo silano: typischer Käse des Sila-Gebirges mit DOP-Prädikat (geschützte Herkunft), erhältlich in den Reifegraden mild und pikant.

Capra in umido: geschmortes Ziegenfleisch.

Cipollata: typische tropeanische Pastasauce aus roten Zwiebeln.

Fichi secchi (ripieni): getrocknete Feigen (gefüllt mit Mandeln und kandierten Früchten).

Fileja: hausgemachte Pastasorte. Der Teig wird um eine Stricknadel gerollt und so geformt.

Lagane: hausgemachte Bandnudeln, gerne mit Kichererbsen *(ceci)* und Stockfisch *baccalà* serviert.

Mazzaccorde: pikante Lamm-Innereien.

Murseddu: pikant geschmortes Schweinefleisch und -innereien, wird oft im Pita-Brot serviert.

Mustica: Verwandte der Sardella (s. u.).

Nduja: scharfe Mixtur aus Mettwurst und Salami, besteht zu mindestens 20 % aus gemahlenen Peperoncini.

Pesce azzuro: Fischsorten aus lokalen Gewässern, ähneln im Geschmack der Sardine oder dem Thunfisch.

Pesce spada: Schwertfisch, rund um Reggio di Calabria besonders beliebt und vielfältig zubereitet, geschmort, gedünstet, mariniert und am Spieß.

Pecorino Crotonese: typischer Schafskäse mit kräftigem Geschmack aus dem Gebiet von Crotone.

Pecorino del Monte Poro: seltener Schafskäse aus dem Umland von Tropea.

Pipi siccatu: getrocknete Paprika, kurz in Olivenöl erhitzt.

Rosamarina: Variation der Sardella, s. u.

Salsiccia di Acri: Salami-Spezialität mit DOP-Prädikat (geschützte Herkunft).

Sardella: Paste aus winzigen Jungfischen, Olivenöl und Peperoncini, wird manchmal mit Zwiebeln und immer mit Brot verspeist.

Scialatelle: hausgemachte, breite Bandnudeln.

Stocco: Stockfisch.

Sugo: kräftige Tomatensauce.

Surici: kleine Fischsorte aus lokalen Gewässern, wird meist frittiert serviert.

zeppole/frittelle: ausgebackene Gemüse-, Fisch- oder Hefebällchen.

Fisch & Meeresfrüchte

Acciughe: Ölsardellen

Alici: Sardellen

Aragosta: Languste, Hummer

Astice: Hummer

Calamari: Tintenfisch/Kalamar

Coccio: Knurrhahn

Cozze: Miesmuscheln

Dentice: Zahnbrasse

Gamberetti: Krabben

Granchi: Garnelen

Granchio: Krebse

Muggine: Meeräsche

Orata: Goldbrasse

Ostriche: Austern

Polipo: Polyp/Tintenfisch

Pesce spada: Schwertfisch

Sarago: Brasse

Scorfano: Drachenkopf

Spigole: Seebrasse

Stoccafisso: Stockfisch

Tonno: Thunfisch

Totano: Pfeilkalamar

Triglia: Seebarbe
Vongole: Venusmuscheln

Fleisch

Agnello: Lamm
Bistecca: Steak, inkl. Filet
Braciole: Rouladen
Involtini: Fleischröllchen
Polpette: Fleischbällchen
Pollo: Hähnchen
Salsiccia: grobe Bratwurst
Scaloppina: Schnitzel
Vitello: Kalbfleisch

Obst & Gemüse

Aglio: Knoblauch
Arancia: Orangen
Bietola: Mangold
Carciofo: Artischocke
Carota: Möhre
Castagne: Marronen (Esskastanien)
Cetriolo: Salatgurke
Cigliege: Kirschen
Cipolla: Zwiebel
Cocomero: Wassermelone
Fagioli: Bohnen
Fico: Feige
Finocchio: Fenchel
Fior di zucca: Zucchiniblüten
Frutta: Obst
Funghi: Pilze
Funghi porcini: Steinpilze
Lenticchie: Linsen
Limone: Zitrone
Mela: Apfel
Melanzane: Auberginen
Olive: Oliven
Patate: Kartoffeln
Peperoncini: Chilischoten
Peperone: Paprika
Pera: Birne
Pesca: Pfirsich
Pomodori: Tomaten
Porro: Lauch
Riso: Reis
Scarola: Endivien
Sedano: Sellerie
Spinacio: Spinat
Verdure: Gemüse(beilagen)
Zucca: Kürbis

Süßspeisen

Frutta fresca: frisches Obst
... di stagioni ... nach Saison
Macedonia: Obstsalat
Torta: Torte
... di cioccolato: Schokoladentorte

Getränke

Acqua naturale: Wasser ohne Kohlensäure
Acqua frizzante: Wasser mit Kohlensäure
Birra: Bier
Caffè freddo: kalter Kaffee
Latte: Milch
Latte macchiato: heiße Milch mit Espresso
Latte di mandorla: Mandelmilch
Limonata: Limonade
Limoncello: Zitronenlikör
Tè: Tee
Tè freddo: kalter Tee
Vino: Wein

Sonstiges

Formaggio: Käse
Minestrone: Gemüsesuppe
Olio: Öl
Olio d'Oliva: Olivenöl
Parmigiano: Parmesan
Patate fritte: Pommes frites
Tramezzino: dreieckiges doppeltes Sandwich
Uova: Eier
Zuppa di pesce: Fischsuppe

In der Sila bei Lorica

Aktiv in Kalabrien

Wer an seinen Urlaub in Kalabrien denkt, freut sich meistens auf Sonne, Meer und Strände. Zwar ist der Badeurlaub für viele Besucher immer noch der erste Anlass, Italiens südliche Spitze zu bereisen. Das Sport- und Freizeitangebot jenseits der Strände wird jedoch immer vielseitiger Dank einer abwechslungsreichen Landschaft und Natur mit Hochebenen, Schluchten, engen Flussläufen, hohen Berggipfeln, Wasserfällen und bizarren Trockenflussbetten. Wegen der sehr kurzen Distanzen zwischen Küste und Landesinnerem lassen sich in Kalabrien die Wassersport-Möglichkeiten mit den verschiedenen Landsportarten gut kombinieren. Heute Tauchen, morgen Trekking, übermorgen Wellness und Relaxen – so könnte ein Motto für den Aktivurlaub lauten.

Baden

Die italienische Umweltorganisation Legambiente (www.legambiente.it) bescheinigt den bekannten kalabrischen Stränden und Badegebieten regelmäßig sehr gute Wasserqualität. Auch die lokalen Gesundheitsämter kontrollieren die Qualität des Meereswassers, sodass man sich in Kalabrien auf einen Badespaß in sicherem Gewässer verlassen kann. In der Regel sind die meist sehr breiten Strände in der Hauptsaison aufgeteilt in freie Abschnitte und in *lidos*, Bereiche mit Strandbars und Service, wo Tretboote *(pedaló)*, Surfbretter und Kajaks gemietet werden können. In der Vor- und Nebensaison wird dieser Service stark reduziert, dafür ist man dann an den einsamen Stränden umso ungestörter, sollte aber bedenken, dass man für Verpflegung selbst sorgen muss.

Der Großteil der Küstenlandschaft besteht aus flachen, breiten Sand- oder Kiesstränden und Sandbuchten mit ein wenig Felsverzierung im Hintergrund und manchmal auch im Wasser. Damit sind die Strände durchweg auch für Kinder geeignet. Zu den schönsten Badegebieten zählen die Strände um das Capo Vaticano an der Costa Viola, die noch wenig erschlossenen Strände an der Costa del Gelsomino zwischen Bova Marina und Capo Bruzzano und die Strände des Meeresschutzgebietes am Capo Rizzuto.

Darüber hinaus finden sich in vielen touristischen Zentren Aquaparks und Spaßbäder, die nicht nur Kindern Freude bereiten können.

Canyoning/Torrentismo

Gelegenheit zu dieser abenteuerlichen Variante der Flusswanderung bietet der Raganello zwischen Civita und San Lorenzo Belizzi im Pollino-Massiv (bei Castrovillari). Der Fluss schlängelt sich 13 km lang durch einen Canyon mit bis zu 800 m hohen Wänden. Geführte Touren bieten die Parkverwaltung des Pollino (s. S. 78), Kooperativen vor Ort sowie Lao Action Raft (s. S. 117) an. Auch im Aspromonte wird diese Sportart angeboten (Aspromonte Up & Down, Via degli Sci, Gambarie, Tel. 09 65 74 30 61).

Pescaturismo

Einen Fischer auf dem Boot begleiten, beim Fischen mit anpacken und später die Beute fangfrisch verspeisen – die sanfte Form des Sportfischens, das weder Kenntnisse noch besondere Fähigkeiten voraussetzt, findet in Süditalien immer mehr Anhänger. Man lernt die Arbeit der Fischer kennen, erfährt einiges über ihre Lebensweise und sieht das Meer und seine Bewohner mit anderen Augen. Besonders umweltschonend ist der Pescaturismo im Meeresschutzgebiet von Capo Rizzuto.

Rafting und Kajak

Der Lao im Nationalpark Pollino macht jedem Alpenfluss Konkurrenz, und das sogar ganzjährig. Lao Action Rafting (s. S. 117) in Scalea organisiert geführte Flusstouren im Schlauchboot in drei Schwierigkeitsstufen und stellt die komplette Ausrüstung zur Verfügung. Gleiches gilt für Kajakfahrten und -kurse. Wer den Adrenalin-Kick braucht, steigt auf Hydrospeed um.

Segeln und Surfen

Klares Wasser zweier Meere, konstante Winde, Bergketten, die ins Meer stürzen, einsame Buchten, Schwindel erregende Steilküsten und die Liparischen Inseln in Sichtweite – wahrlich keine schlechten Voraussetzungen für Wassersportler.

Sporthäfen befinden sich in Cetraro, Vibo Marina, Tropea, Crotone und Si-

Terme Luigiane

Schon Plinius der Ältere lobte die gesundheitsförderlichen Eigenschaften des schwefelhaltigen Thermalwassers der Terme Liugiane. Im vergangenen Jahrzehnt hat sich der Thermenkomplex zum erstrangigen Wellnesszentrum Kalabriens entwickelt, denn die traditionelle Kurabteilung wurde um den Wellnesspark Acquaviva, etwa nach ischitanischem Vorbild, erweitert. Der Acquaviva-Park ermöglicht ein komplettes Wellnessprogramm mit hohem Aktiv-Faktor. Den Gästen stehen drei Becken zur Verfügung, die von dem Thermalwasser gespeist werden, das 47 Grad heiß aus dem Berg sprudelt. Eins der Becken trainiert die Muskelkraft mit Gegenstromanlage, das andere mit Strudeln und Wellen. Es gibt ein Fango-Becken, wo der Schlamm selbst aufgetragen werden kann, heiße Thermalduschen, Dampfbrausen zur Inhalation und schließlich ein Becken mit einer weißen Algensorte, die im Thermalwasser lebt und ideal ist zur kosmetischen Sofortbehandlung an Ort und Stelle. Der Park bietet zudem Fitness- und Joggingmöglichkeiten. Die Landschaft spielt harmonisch mit im Wellnessprogramm und verwöhnt die Augen, denn zwischen Aquappesa und Guardia Piemontese scheinen sich die Bergketten des kalabrischen Appenins ins Meer zu stürzen, um im letzten Moment die Notbremse zu ziehen. Acquaviva bietet Wellnesswochen, -wochenenden oder den Farm Day für Einsteiger und Kurzentschlossene an, Kinder aller Altersstufen sind willkommen.

Infos und Buchung: Terme Luigiane, Acquappesa (B 5), Loc. Terme Luigiane, Tel. 098 29 40 54, www.termeluigiane.it.

bari. Zu den schönsten Segelgebieten gehören die Costa degli Dei, die Costa Viola und Capo Rizzuto/Le Castella. Dort werden auch Segelkurse angeboten.

Skifahren

Auch das ist in Kalabrien möglich. Die Hochebene der Sila eignet sich bestens für den Wintersport. Zu den wichtigsten Zentren zählen Camigliatello Silano am See von Cecita, Lorica in der Sila Grande und Palumbosila am See von Ampollino. Dort befinden sich neben den Skipisten in einer Gesamtlänge von 25 km auch Loipen für den Skilanglauf, eine Eislaufbahn und eine Bobpiste (Infos: www.palumbosila.it).

In Lorica und Camigliano können Skifahrer mit einem Pistensystem von jeweils 6 km rechnen. In Cagimigliano bieten auch Skischulen ihren Service an (Infos bei der APT in Cosenza, s. S. 60).

Tauchen

780 km Küste stehen für Taucher zur Verfügung. Besonders interessant ist das Meeresschutzgebiet von Capo Rizzuto zwischen Le Castella und Capo Colonna. Zwar sind Tauchgänge nur in bestimmten Zonen gestattet, dafür gibt es eine intakte Meeresflora und -fauna zu bewundern, darunter die so genannten Unterwasserweiden der Posidonia.

Geschützt wird die Unterwasserlandschaft auch zwischen Amantea und Belmonte. Der WWF reguliert die Tauchgänge in der Unterwasseroase Scogli d'Isca (s. S. 43). Beliebtes Tauchziel ist auch die Costa Viola. Viele Taucher wählen dort Scilla zu ihrem Standpunkt. Auch die Punta di Stilo und die Punta di Stalettì am Ionischen Meer gehören zu den bevorzugten Tauchgebieten der Region.

Trekking und Wandern

Dank der drei Nationalparks (Sila, Aspromonte und Pollino), dem kalabrischen Appenin und zahlreichen Naturschutzgebieten ist die Region ein ergiebiges und faszinierendes Gebiet für Trekkingtouren und Wanderungen. Markierte Wanderwege finden sich vor allem in der Sila. Dort lässt sich das Wandern bestens mit dem Pilze sammeln kombinieren, da die Sila zu den artenreichsten Pilzgebieten Italiens gehört.

Wer wenig Erfahrung im Umgang mit Kompass und Wanderkarte hat, sollte sich einer Exkursion oder Tour mit Bergführer anschließen. Lokale Kooperativen halten meist ein vielfältiges Angebot bereit, führen aber auch gerne persönlich gestaltete Touren durch.

Dies gilt umso mehr für den noch recht unerschlossenen Aspromonte. Dort bietet die Kooperative Naturaliter (www.naturaliterweb.it, s. Tipp S. 86) eine außergewöhnliche Wanderwoche an: Auf den Spuren des englischen Zeichners Edward Lear, der im 19. Jh. die raue Landschaft mit einem Esel bereiste und Gastfreundschaft bei der Bevölkerung fand, hat Naturaliter den Sentiero dell'inglese in ihr Programm aufgenommen. Die Kooperative, die sich für einen sanften Tourismus einsetzt und zu den Guide Ambientali Escursionistiche (GAE) gehört, operiert im gesamten kalabrischen Gebiet.

Voller Überraschungen für Wanderer und Trekkingfans steckt der Nationalpark des Pollino. Auf rund 120 000 ha gibt es eine abwechslungsreiche Landschaft zu entdecken: das südlichste Gletscherphänomen Italiens, Höhlen und Karstgestein, Canyons, unzugängliche Schluchten und Steilhänge und eine reichhaltige Vegetation, deren pro-

Sport-Highlights

Giro ciclistico Felice Gimonti: im Mai/Juni, 4-tägiges internationales Radrennen durch die Provinz von Cosenza. Die Route wechselt jährlich, Infos bei der Provinz unter Tel. 0984 81 44 91.
Krotoniadi: Mai–Sept. in Crotone. Zu den Höhepunkten des Sommerkulturfestivals der Magna Graecia gehören die Darbietungen antiker Sportarten, besonders eindrucksvoll die *danze pitagoriche,* die pythagoräischen Tänze. Aktuelles Programm in der APT von Crotone.
Traversata dello Stretto di Messina: Anfang Aug. in Villa S. Giovanni. Schwimmwettkampf durch die Meeresenge von Messina von Cannitello bis Villa S. Giovanni.
Palia di Ribusa: 1. Aug.-Woche in Stilo. Drei Tage lang feiert Stilo die mittelalterliche Reitkunst mit Esel- und Pferderennen *(palio)*. Im Rahmenprogramm mittelalterliche Umzüge, Gauklerdarbietungen, Straßenkunst und ein Markt mit typischen Produkten Kalabriens.
Campionato di Calcio: Aug.–Mai in Reggio di Calabria. Im Stadion O. Granillo wird die italienische Fußballmeisterschaft ausgetragen. Hohes Fanaufkommen, wenn die Reggiona Calcio spielt, die Mannschaft der Serie A aus Reggio di Calabria. Infos unter www.regginacalcio.com.
Mediterranean Cup: Ende Okt./Anfang Nov. in Reggio di Calabria. Internationale Jugendregatta in der Meerenge von Messina. Infos unter www.circolovelicoreggio.it.

minenteste Vertreterin die Panzerkiefer ist.

Wanderführer für den Pollino stellt der gleichnamige Nationalpark (Tel. 0973 66 16 92). Infos und Buchung auch unter www.trekking.3000.it oder bei den Guide Ambientali Escursionistiche unter www.gae.it, wo sich die Wanderführer mit ihren Gebieten einzeln vorstellen (s. S. 86).

Wellness

Nicht so modern wie die Terme Luigiane (s. S. 29), aber nach einem ähnlichen Prinzip funktioniert die Grotta delle Ninfe in Cerchiara. Dort versammelten sich schon in der Antike Frauen und Mädchen, um sich mit dem traditionellen Fango zu pflegen. Damals wie heute wird der heiße Schlamm selbst aufgetragen und das zu sehr kundenfreundlichen Preisen.

Sprachführer

Allgemeines

Guten Tag	Buon giorno
Guten Abend	Buona sera
Auf Wiedersehen	Arrivederci
Hallo	Ciao
Wie geht's?	Come va?
Danke, gut.	Bene, grazie.
bitte / danke	prego / grazie
Entschuldigung	Scusa
Ich heiße …	Mi chiamo …
Wo ist…?	Dov'è…?
Wann?	Quando?

Zeit

Montag	lunedì
Dienstag	martedì
Mittwoch	mercoledì
Donnerstag	giovedì
Freitag	venerdì
Samstag	sabato
Sonntag	domenica
Feiertag	giorno festivo
Minute	minuto
Stunde	ora
Tag	giorno
Woche	settimana
Monat	mese
Jahr	anno
heute	oggi
gestern	ieri
morgen	domani
morgens	di mattina
mittags	di mezzogiorno
nachmittags	di pomeriggio
abends	di sera
vor / nach	prima di / dopo
früh / spät	presto / tardi

Notfall

Hilfe!	Aiuto!
Polizei	polizia
Arzt	medico
Unfall	incidente
Panne	guasto

Unterwegs

Haltestelle	fermata
Bus	autobus / pullman
Bahnhof	stazione
Fahrkarte	biglietto
Flughafen	aeroporto
Ausfahrt	l'uscita
links / rechts	a destra / a sinistra
geradeaus	diretto
hier / dort	qui / qua
Stadtplan	carta della città
Auskunft	informazione
Vorsicht	attenzione
Bank	banca
Telefon	telefono
Telefonkarte	scheda telefonica
Postamt	ufficio postale
Briefmarken	francobolli
geöffnet	aperto
geschlossen	chiuso

Einkaufen

kaufen	comprare
Geschäft	negozio
Markt	mercato
bar	in contanti
Geld	soldi
Kreditkarte	carta di credito
Geldautomat	bancomat
teuer	caro
billig	economico
Wieviel?	Quanto?

Im Hotel

Zimmer	camera
Einzelzimmer	camera singola
(mit / ohne) Bad	(con / senza) bagno
Dusche	doccia
Doppelzimmer	camera doppia
Schlüssel	chiavi
Handtuch	asciugamano
Aufzug	ascensore
Gepäck	bagaglio
Pass	passaporto

Ausweis	carta d'identità
Quittung	ricevuta
Empfang	recezione
wecken	svegliare
Preis	prezzo
Rechnung	conto
Name	nome
Vorname	nome di battesimo
ankommen	arrivare
abreisen	partire
Auto	macchina
Parkplatz	parcheggio
Zelt	tenda
Wohnwagen	roulotte

Im Restaurant

Frühstück	colazione
Mittagessen	pranzo
Abendessen	cena
Zwischenmahlzeit	merenda
essen	mangiare
trinken	bere
Tisch	tavolo
reservieren	prenotare
Messer	coltello
Gabel	forchetta
Löffel	cucchiaio
Teelöffel	cucchiaino
Teller	piatto
Flasche	bottiglia
Glas	bicchiere
Speisekarte	menù
Weinkarte	lista dei vini
Vorspeise	antipasto
Hauptgericht	piatto principale
Tagesgericht	il menù del giorno
Nachspeise	dessert
Rechnung	fattura / conto
vegetarisch	vegetariano
Getränk	bevanda
halber Liter	mezzo litro
Wasser	acqua
mit Kohlensäure	gasata

Zahlen

1	uno	16	sedici
2	due	17	diciassette
3	tre	18	diciotto
4	quattro	19	diciannove
5	cinque	20	venti
6	sei	30	trenta
7	sette	40	quaranta
8	otto	50	cinquanta
9	nove	60	sessanta
10	dieci	70	settanta
11	undici	80	ottanta
12	dodici	90	novanta
13	tredici	100	cento
14	quattordici	200	duecento
15	quindici	1000	mille

Die wichtigsten Sätze

Wie komme ich nach ...? Come arrivo a ...?
Wieviel kostet das? Quanto costa...?
Wo finde ich ...? Dove trovo...?
Ich möchte bitte ... Vorrei ... per favore.
Wann öffnet/schließt ...? Quando apre / chiude ...?
Haben Sie ein freies Zimmer? Ha una camera libera?
Sprechen Sie Deutsch/Englisch? Parla tedesco / inglese?
Wo kann ich den Wagen parken? Dove posso parcheggiare?
Können Sie mir helfen? Può aiutarmi?
Ich habe nicht verstanden. Non ho capito.

Auskunft

Italienische Fremdenverkehrsämter (ENIT)
Broschüren & Prospekte
Website der Direktion in Frankfurt für D, A, CH: **www.enit-italia.de**
Freecall: Tel. 008 00 00 48 25 42
aus Deutschland, Österreich und der Schweiz, Mo–Fr 8–20, Sa 9–14 Uhr.

Büros
… in Deutschland
– Kaiserstr. 65
60329 Frankfurt
Tel. 069 23 47 34
Fax 069 23 28 94

– Friedrichstr. 187
10117 Berlin
Tel. 030 247 83 98
Fax 030 247 83 99

… in Österreich
Kärtnerring 4
1010 Wien
Tel. 01 505 16 39
Fax 01 505 02 48
www.enit.at

… in der Schweiz
Uraniastr. 32
8001 Zürich
Tel. 04 34 66 40 40
Fax 04 34 66 40 41
www.enit.ch

… in Kalabrien
Assessorato Regionale Turismo
Vico III Raffaelli 9, Catanzaro
Tel. 09 61 85 11, 09 61 74 17 00
Fax 09 61 72 68 30.
Kostenlose Info-Hotline (nur in Italien): Tel. 800 23 40 69

Weitere Tourismusbüros
Die für die jeweilige Provinz zuständigen Büros finden sich in Cosenza (s. S. 60), in Crotone (s. S. 64), in Catanzaro (s. S. 51) und in Vibo Valentia (Via Forgiari, Galleria Vecchia, Tel. 096 34 20 08, Fax 096 34 43 18).

In den kleineren Ortschaften informieren die Pro Loco (s. Orte von A–Z).

Einreise

Bürger der EU und der Schweiz benötigen einen gültigen Ausweis oder Pass. Kinder müssen im Reisedokument der Eltern eingetragen sein. Dauert der Aufenthalt länger als drei Monate, ist ein gültiger Reisepass nötig.
Zollbestimmungen: Zollfrei bei der Ein- oder Ausfuhr innerhalb der EU-Staaten bleiben Waren für den persönlichen Bedarf, doch geht der Zoll bei Überschreiten bestimmter Mengen (800 Zigaretten, 90 l Wein, etc.) von gewerblicher Nutzung aus; dann ist die Ware zu versteuern. Für Angehörige von Nicht-EU-Ländern gelten folgende Beschränkungen: 200 Zigaretten, 2 l Wein oder 1 l Spirituosen. Devisen dürfen nur in einer Höhe von bis zu 10 000 € ein- oder ausgeführt werden.

Anreise

… mit dem Flugzeug
Es gibt drei Flughäfen in Kalabrien:
Aeroporto del Stretto
in Reggio di Calabria
Tel. 09 65 64 30 95
Aeroporto Civile Isola di Capo Rizzuto in Crotone
Tel. 09 62 79 11 50

Aeroporto Lamezia Terme,
Tel. 09 68 41 41 11
Von April bis Oktober fliegen Chartergesellschaften (LTU, Aerolloyd, FTI) von allen großen Flughäfen in Deutschland, Österreich und der Schweiz Lamezia Terme mehrmals wöchentlich an. Alle drei Flughäfen werden von der Alitalia (von Rom und Mailand aus) und von italienischen Chartergesellschaften angeflogen.

Von April bis Oktober bieten verschiedene Linien Direktflüge von den größeren deutschen Flughäfen an. Allerdings kann in der Zeit vermehrter Billigflieger ein Blick ins Internet den Reisepreis senken: Nach Süditalien sind mittlerweile viele neue Flugverbindungen geschaffen worden, sodass es mit ein bisschen Eigenrecherche auch Individualreisenden gelingen sollte, zu einem günstigen Anreisepreis dorthin zu kommen.

Ganzjährig fliegen mittlerweile die Billiglinien Ryanair – ab Hahn im Hunsrück – nach Rom oder Pescara und Hapag Lloyd – direkt ab Köln, Hannover und Stuttgart – nach Rom oder Neapel. Volareweb bietet die Möglichkeit, von Frankfurt am Main oder Berlin über Venedig nach Lamezia Terme zu fliegen, und Airberlin fliegt von annähernd 20 deutschen Flughäfen nach Rom.

Flug-Informationen im Internet u. a. bei:
www.alitalia.it
www.eurowings.de
www.tuifly.com
www.lufthansa.de
www.ryanair.com
www.volareweb.com
www.airberlin.com

Die anderen Flugpreise sind sehr saisonabhängig, Last-Minute-Schnäppchen sind ab ca. 250 € zu bekommen.

… mit der Bahn

Nachtzüge mit Liege- und Schlafwagen fahren von Berlin, Frankfurt/M., Hamburg und München; umsteigen in Mailand oder in Rom. Infos bei der Deutschen Bahn unter Tel. 018 05 99 66 33 und unter www.bahn.de, Informationen über Autoreisezüge auch unter www.dbautozug.de.

Wer das Fahrrad mitnehmen will, kann sich bei der Radfahrer-Hotline der Bahn erkundigen. Tel. 018 05 15 14 15, 0,12 €/Min.

… mit dem Auto

Zwei verschiedene Routen über die Alpen bieten sich an. Entweder über die Brennerautobahn oder die Strecke durch den Gotthardtunnel bis Chiasso. Von dort geht es über die A 1 den Stiefel entlang über Florenz, Rom bis Salerno, dann weiter über die Autostrada del Sole (A 3) bis Reggio di Calabria. Die Autobahn ist bis Salerno gebührenpflichtig (Maut ca. 50 €). Alternativ zur Barzahlung wird auch die sog. Viacard (beim ADAC erhältlich) akzeptiert, an größeren Maut-Stellen auch die Kreditkarte.
Verkehrsregeln: Die zulässige Höchstgeschwindigkeit auf der Autobahn liegt bei 130 km/h, auf der Landstraße bei 90 km/h und in Ortschaften bei 50 km/h. Seit 2002 müssen auf der Autobahn die Scheinwerfer grundsätzlich eingeschaltet sein, die meisten Italiener begnügen sich aber mit dem Abblendlicht.

… mit dem Bus

Die Busgesellschaft SIMET verbindet u. a. Hamburg, Hannover, Frankfurt/M.

und München mit größeren Ortschaften in Kalabrien, wie z. B. Cosenza, Spezzano und S. Giovanni in Fiore.
Infos: Tel. 09 83 51 27 94 oder www.simetspa.de.

Geld

Währung ist der Euro (1 sFr = 0,67 €; 1 € = 1,48 sFr).

Die meisten Hotels, Restaurants, Geschäfte und Tankstellen akzeptieren die gängigen Kredit- und EC/Maestro-Karten. Mit diesen Karten kann man auch Geld an den Geldautomaten *(bancomat)* abheben.

Notfall

Polizei/Unfallrettung: 112/113
Feuerwehr: 115
Pannendienst (ACI): 116
Erste Hilfe: 118
Waldbrand-Notruf: 15 15
See- und Küstennotruf: 15 30

Diplomatische Vertretungen

Deutsches Generalkonsulat
Via Crispi 69, 80121 Napoli
Tel. 08 12 48 85 11, Fax 08 17 61 46 87
www.neapel.diplo.de

Österreichisches Konsulat
Corso Umberto I 275, 80138 Napoli,
Tel./Fax 081 28 77 24

Schweizer Konsulat
Centro direzionale, Isola B
80143 Napoli
Tel./Fax 08 17 34 11 32
Mobil 33 58 31 52 57
consolatoch.napoli@gmail.com

Im Krankheitsfall

Erste Hilfe leistet in den meisten Ortschaften die Guardia Medica, die in den Sommermonaten zusätzliche Ambulanzen für Touristen öffnet. Auskunft über einen Kassenarzt erteilt die lokale Vertretung des Krankenversicherungsträgers (Asl). Die Europäische Krankenversicherungskarte berechtigt zum Besuch bei einem bei der Asl niedergelassenen Kassenarzt. Die Notfallbehandlung ist in der Regel kostenlos.

Reisen mit Handicap

Viele Hotels und auch einige Agriturismi sind auf die Bedürfnisse von Behinderten eingestellt. Die Touristenbüros der Provinzen (APT) verschicken auf Anfrage detaillierte Hotelverzeichnisse.

Telefonieren

Die Ortsnetzkennzahl inklusive der 0 ist fester Bestandteil der Rufnummer. Italienische Mobilnummern hingegen beginnen nicht mehr mit einer Null, sondern mit einer 3. Für öffentliche Telefone benötigt man meist Telefonkarten *(carta telefonica)*, die im Tabakladen *(tabacchi)* erhältlich sind.

Internat. Vorwahl für Italien: 00 39
Auslandsvorwahlen: D 00 49, A 00 43, CH 00 41

Öffnungszeiten

Banken: Mo–Fr 8–13, teilweise 14–15 Uhr

Post: Mo–Sa 8–13 Uhr
Hauptpostämter in den Städten sind auch nachmittags bis 18 Uhr geöffnet.
Geschäfte: Kernzeiten Mo–Sa 8.30/9–13, 16.30/17–20/20.30 Uhr
In touristischen Ortschaften variieren die Zeiten im Sommer stark: ca. 10–13 und 17–23/24 Uhr.
Restaurants: 12.30–15, 19.30–23 Uhr

Unterwegs in Kalabrien

... mit dem Auto

Die häufig von Baustellen geplagte Autostrada del Sole (A 3) zieht sich von Norden bis nach Reggio di Calabria durch Kalabrien. Die vierspurige Superstrada SS 280 führt von Lamezia Terme nach Catanzaro. Die Tyrrhenische Küste entlang geht es auf der SS 18, die Ionische Küste passiert die SS 106. Beide sind stark befahren.

Das gebirgige Landesinnere wird von einem Netz sehr kurvenreicher, oft schmaler Nationalstraßen durchzogen, Die Beschilderung ist dort manchmal lückenhaft, deshalb lohnt sich die Mitnahme einer detaillierteren Karte (z. B. Marco Polo, 1:200 000, ISBN 978-3-8297-4031-9, € 8,50). Auch sollte man beim Zurücklegen selbst kurzer Strecken genügend Zeit einplanen.

In den Altstädten der Bergorte sind die Straßen und Gassen sehr eng. Es empfiehlt sich, den Wagen auf einem Parkplatz stehen zu lassen. Parkstreifen sind blau markiert und oft kostenpflichtig (Tickets i. d. R. beim Tabacchaio, sofern kein Parkwächter vorhanden).

Mietwagen gibt es an den Flughäfen, in jedem Reisebüro vor Ort oder übers Internet, z. B. unter www.tuicars.com.

... mit dem Bus

Das Busnetz ist vor allem im Landesinneren für die Bevölkerung unentbehrlich. Die Gesellschaft SAJ fährt mehrmals täglich von Cosenza zum Ionischen Meer und zum Monte Pollino (www.saj.it), Costabile Bus fährt von Cosenza nach Lamezia Terme, Paola sowie Amantea (www.costabilebus.it). Die Gesellschaft las verbindet Catanzaro, Crotone, Rossano, S. Giovanni in Fiore, Camigliatello, Guardia Piemontese, Paola u. a. miteinander (www.iasautolinee.it). Die Autolinee Romano bedient das Gebiet zwischen Catanzaro und Crotone bis nach Cirò (www.autolineeromano.com). Die Saja fährt im Gebiet der Küstenlinie von Catanzaro bis Bova Marina (www.saja.it). Autolinee Bonfa'Talia bedient die Strecke Locrì–Bianco (Tel. 09 64 91 33 70), Autolinee Federico die Route Reggio di Calabria–Stilo (www.autolineefederico.it). Die Ferrovie della Calabria verbinden die Serre mit Vibo Valentia (www.ferroviedellacalabria.it). Über die Bus- und Zugverbindungen informieren auch die regionalen Tageszeitungen und die Pro-Loco-Infobüros. Fahrpläne italienweit: www.italybus.it, www.orariaautobus.it.

... mit dem Zug

Die Hauptlinien der Ferrovie dello Stato bedienen die Küstenstrecken am Tyrrhenischen Meer (dort fahren auch Schnellzüge) und am Ionischen Meer. Im Inland ist das Schienennetz sehr grob. Die wichtigsten Strecken sind Paola–Cosenza und Cosenza–Sibari. Die Ferrovie della Calabria bedient die Strecken Cosenza–Camigliatello und Cosenza–Catanzaro. Informationen zum gesamten Zugnetz: Tel. 89 20 21 (tgl. 7–21 Uhr) oder unter www.ferroviedellostato.it.

Orte vo

Alle wichtigen Sehenswürdigkeiten und Urlaubsorte mit zahlreichen praktischen Tipps aus erster Hand: Von der familiären Privatunterkunft über Hotels zum Verwöhnenlassen bis zu ländlichen Agriturismo-Gasthäusern, Sportadressen für den Aktivurlaub, Edel-Restaurants und urige Trattorias, die Daten der wichtigsten Feste und ausgewählte Shopping-Adressen – dieser Reiseführer zu der

n A bis Z

noch kaum entdeckten ›Stiefelspitze‹ Italiens gibt Ihnen nützliche Tipps und ausgesuchte Adressen an die Hand, damit Ihr Urlaub zum Erlebnis wird! Und wer in Kalabrien etwas Besonderes entdecken möchte, sollte sich von den fünf Touren ab Seite 108 leiten lassen. Kalabrien in kompakter, übersichtlicher Form für alle, der viel sehen und nichts verpassen wollen.

Altomonte (C 3)

Altomonte (4500 Einw.) hat es gut: Der Ort mit der intakten Altstadt erinnerte sich frühzeitig an seine glorreiche Vergangenheit, pflegte seine Architektur und Kunstschätze und ist nun ein festes Ziel für Kunstliebhaber. Seinen kunsthistorischen Reichtum verdankt das antike Balbia, das Plinius wegen seines guten Weins erwähnte und das später von den Arabern Brahalla genannt wurde, dem einflussreichen Filippo Sangineto. Im 14. Jh. entwickelte sich unter der Herrschaft dieses Feldherrn, der den Anjou in Neapel diente, eine reiche Kunstszene, die Altomonte nachhaltig prägte. Im Amphitheater, 1988 auf dem früheren Schuttplatz des Ortes erbaut, finden heute Kulturfestivals statt.

Sehenswert

San Giacomo: Die Kirche bei der Piazza Balbia ist byzantinischen Ursprungs. Im Innern befindet sich die Holzskulptur des Namenspatrons.

Castello: Piazza Castello.
Trotz zahlreicher Umbauten und der Einnistung von Geschäften sowie einem Luxushotel (s. S. 41) blieb der Grundriss des normannischen Kastells mit mittelalterlichem Innenhof erhalten.

Torre di Pallotta: Via L. Sparano, tgl. 9.30–12.30 u. 15.30–19, im Winter bis 18.30 Uhr, Eintritt 1 €.
Der massige quadratische Wehrturm aus dem 11. Jh. diente später als Palazzo und wurde im 13. Jh. stark verändert.

Santa Maria della Consolazione: Piazza T. Campanella.
Bevor Filippo Sangineto im 14. Jh. den Dom in Auftrag gab, stand auf der Piazza eine kleine normannische Kirche. Im 15. Jh. bauten Dominikanermönche das Meisterwerk gotischer Sakralarchitektur mit beeindruckender Fassade, Fensterrose und geschwungenem Portal zu einem Kloster aus. Im 16. Jh. studierte und arbeitete dort der Philosoph Tommaso Campanella – vermutlich an seinem utopischen Werk »Città del Sole« – ein Monument auf der Piazza T. Campanella erinnert daran.

Museo Civico: Piazza T. Campanella, tgl. 9.30–12.30 u. 15.30–19, im Winter bis 18.30 Uhr, Eintritt 3 €.
Das Museum zeigt Schätze und Kunstwerke, die von der Kirche gesammelt wurden. Juwel ist die dem Giotto-Schüler Simone Martini zugeschriebene Darstellung des hl. Ladislao, des Königs von Ungarn, auf einer vergoldeten Holztafel (1322).

Einkaufen

La Bottega di Casa Barbieri: Via L. Sparano.
Nordkalabriens Köstlichkeiten in Barbieri-Qualität. Tipp: leckere Pasten aus Peperoncino, Oliven oder Aubergine.

Feste & Unterhaltung

San Giuseppe: Feier des Ortspatrons am 19. März. Auf der Piazza Anfiteatro findet ein großes Festfeuer statt, und man speist *laghini e ciciri* (Bandnudeln mit Kichererbsen).

Festival Teatro-Scuola: Mai–Juni, großes Schultheater-Festival.

Festival della Danza: Im Juni führen Tanzschüler aller Sparten ihr Können vor.

Altomonte Rockfestival: Juli, internationale Rock- und Popbands.

Euromediterraneo: großes internationales Theaterfestival im Juli und Aug.

Sagra dei Funghi: Im Okt. und Nov. spezialisieren sich die Küchenchefs unisono auf Pilzgerichte.

Biblioteca Civica: Piazza Sanità della Consolazione, Tel. 09 81 94 82 16, www.comunedialtomonte.it.

La Tartaruga: Contrada Montino, Tel./Fax 09 81 94 64 39, DZ 40–45 €.
Sehr kinderfreundlicher Agriturismo auf einem renovierten Landgut mit kleiner Kirche. Spezialität des Hauses sind selbstgemachte *fusilli* mit kräftigen Saucen vom Schwein. Auch **Reitausflüge.**
La Quercia: Contrada Boscari, Tel./Fax 09 81 94 62 32, www.agrilaquercia.it, DZ 80 €, HP pro Pers. 60 €.
Der Agriturismo von Giovanni Maiolino in Hügellage, unweit des Pollino-Massivs, der Sila und des Ionischen Meers, bietet seinen Gästen fünf Zimmer, einen Agricamping (auch für Wohnmobile) und als Spezialität des Hauses selbstgemachte Nudeln. Kinder sind hier sehr willkommen.
Casa Barbieri: s. u.
Castello: Piazza Castello 6, Tel. 09 81 94 89 33, Fax 09 81 94 89 37, www.altomonte.it, DZ ab 120 €.
Geschickt in die Mauern des Kastells eingelassenes Luxushotel mit eleganten Zimmern und Suiten. Gutes Restaurant der gehobenen Klasse, regionale Küche.

Highlight 1

Casa Barbieri: Ein Highlight einer Kalabrien-Tour ist die Casa Barbieri in Altomonte. Das Restaurant mit Panoramablick auf die Altstadt bietet über 20 Vorspeisen. Hausgemachte Nudeln mit raffinierten Saucen, traditionelle Fleischgerichte und der Abschluss mit Dessertwein und Gebäck sind eine kulinarische Überraschung (Menü ca. 30 €). Komplett renoviert, bietet das moderne Haus auch Komfortzimmer, Suiten, einen Pool, Wintergarten und ein Wellnesszentrum. Und im Ortskern vermietet Barbieri Appartements in sanierten Häusern (Via Italo Barbieri 30, Tel. 09 81 94 80 72, Fax 09 81 94 80 73, www.barbierigroup.it, DZ 90–115 €).

Organisierte Reisen

Speziellen **Familien-** oder **Sporturlaub** bietet der Reiseveranstalter Frosch-Reisen. Die Kataloge können im Internet bestellt werden oder über jedes Reisebüro (www.frosch-reisen.de).

Wanderreisen (ab 2 Personen) im Aspromonte oder am Monte Cocuzzo bei Amantea hat Wikinger-Reisen im Programm (www.wikinger-reisen.de). Der Veranstalter stellt für die beiden Gebiete Wanderrouten zusammen, organisiert die Unterkünfte und liefert das Kartenmaterial. Wander- und Radreisen, Koch- und Sprachkurse bietet auch der Reiseveranstalter Sprachcaffé (www.sprachcaffe-kalabrien.com).

Casa Barbieri: s. Tipp.
Al Ristoro del Principe: Via Sparano 12, Tel. 09 81 94 87 43, Mo geschl., Menü ab 20 €.
Palazzo aus dem 17. Jh., moderne Ausstattung und traditionsorientierte kalabrische Küche. Gute hausgemachte Pasta, abends Pizza, lokale Weine.
La Capricciosa: in Firmo (C 3), Via A. Viscardi, Tel. 09 81 94 02 97, ganzjährig, Menü 25 €.

Barbieri aus Altomonte präsentiert Steinpilze aus Nordkalabrien

Die Trattoria der Familie Longo gleicht einem Museum für albanische Küche und pflegt die kulinarischen Traditionen der umliegenden Ortschaften. Zum Einstieg ist die *shtridèlat* geeignet, das traditionelle Gericht der Arbëresh: pikante Nudeln mit Bohnen.

Bus: mehrmals tgl. Regionalbusse der Ferrovie della Calabria und der Autolinee La Valle nach Cosenza, Paola, Castrovillari und Sibari. Abfahrt am Rathaus.
Bahn: nächster Bahnhof ist Spezzano Albanese.

Amantea (C 7)

Amantea (13 360 Einw.) hat stürmische Zeiten erlebt. Im Mittelalter machten die Sarazenen von Amantea aus die Tyrrhenische Küste unsicher. Später stritten die Anjou mit den Aragonesen um die Vormacht. Trotz Eroberung durch napoleonische Truppen steht das Kastell aus dem 6. Jh. immer noch an exponierter Stelle über der lebhaften und geschäftigen Stadt. Im Gegensatz zu anderen kalabrischen Badeorten ist auch das moderne Amantea Marina, das sich nahtlos an den Centro Storico anschließt, nicht innerhalb zweier Jahrzehnte gewachsen, sondern relativ langsam seit dem 19. Jh.

Sehenswert

Chiesa Madre di San Biagio:
Piazza Duomo.
Die Barockkirche unterhalb des Kastells (17. Jh.) ist mit Darstellungen des San Biagio geschmückt. An Karfreitag werden neun Heiligenstatuen durch den Ort getragen.
Castello: Das Areal des Kastells umfasst die Ruinen aus byzantinischer Zeit und die Überreste eines Sarazenenturms. Von oben weiter Panoramablick.
Chiesa di San Bernardino da Siena: Diesen wichtigsten Sakralbau der Stadt errichtete der Orden der Minori Osservanti (Minoriten) 1436. Er zählt zu den wenigen noch erhaltenen süditalienischen Kirchen aus spätgotischer Zeit. Angeschlossen ist der Konvent mit Kreuzgang, Küche und Unterkünften. In Süditalien einzigartig ist das Kreuz aus ursprünglich zehn Keramikplatten (eine ging verloren, die Originale sind heute

im Museum von Reggio) an der Kirchenfassade. Das zweischiffige Innere birgt bedeutende gotische Skulpturen.

Sport & Strände

Sandstrände säumen die Küste in südlicher und nördlicher Richtung. In Amantea Marina schmälern Wellenbrecher aus Beton die Badelust.

Oasi Blu WWF Scogli d'Isca:
Marina di Belmonte.
Seit 1991 ist der Bereich um die ca. 800 m vom Strand entfernten Isca-Felsen ein Meeresschutzgebiet. Sehenswert sind die intakte Mittelmeerfauna und -flora. Wahrzeichen der von weitem unscheinbaren Felsen ist der Zackenbarsch (Besuch und Tauchgänge nach Anmeldung im Centro Educazione Ambientale unter Tel. 098 24 72 48).

Einkaufen

Markt: seit 1443 am Sonntag.
Neben Obst und Gemüse auch Kleidung, Kunsthandwerk, besonders Keramik.

Enoteca Due Bicchieri: Via Dogana 92/94, Tel. 09 82 42 44 09, 9–14.30, 16.30–22 Uhr, im Sommer auch länger, Mo geschl., Antipasti um 10 €.
Gut sortierte Önothek mit 300 Weinen, darunter viele kalabrische. Zur Weinprobe gibt es lokale Produkte wie Käse, Salami und pikant konservierten Fisch.

Surianolii: Via Dogana, Tel. 09 82 4253 74. Spezialität des Hauses: *maritata piccante,* eine Sauce aus Peperoncino und Zwiebeln aus Tropea.

Feste & Unterhaltung

Karfreitag: Prozession zu Ehren von San Biagio.
Jahrmarkt: 31. Okt.–2. Nov. Viel Kunst und Musik.

IAT: Via V. Emanuele 11, Tel. 098 24 17 85, www.comuneamantea.it.

Arlia: Frazione Chiaia 4, Tel. 09 82 42 43 62, www.lapietrarossa.it, HP pro Pers. 45 €.
Der engagierte Eugenio Arlia stellt seinen Gästen auf dem Agriturismo je zwei Zimmer und Appartements zur Verfügung, organisiert Ausflüge, Pferdewanderungen, auf Wunsch auch Mitarbeit bei der Olivenernte oder Weinlese. Traditionelle Landküche, biologischer Obstanbau, reizvolle Lage an der Schlucht von Catocastro in Meeresnähe.
La Scogliera: Loc. Corica, Tel. 098 24 62 19, Fax 098 24 68 03, www.hotellascogliera.it, HP pro Pers. 55–90 €.
Sehr hübsch schmiegt sich das renovierte Haus im maurischen Stil an die Klippen. 53 komfortable Zimmer und Suiten mit Balkon und Privatstrand, Restaurant mit Terrasse und romantischem Blick auf die Brandung.
Margherita: Via Margherita 179, Tel. 098 24 13 37, DZ 55–85 €.
Kleine Familienpension, die im Sommer ihre Gäste auch mit guten, einfachen lokalen Gerichten verwöhnt.

... in Aiello Calabro (C 7)
Fargani: Località Fargani, Tel. 098 24 33 53, www.fargani.it, Mai–Sept., HP pro Pers. 45–50 €.
Nur 10 km von Amantea erstreckt sich der Agriturismo über 10 ha. Mini-Appartements mit Kochnischen im farbenfroh renovierten Landhaus. Im **Restaurant** gibt es traditionelle ›arme‹ Landküche und rustikale Pizza. Eigener Gemüseanbau. Pool und Angebote zu **Sportfischen.**

Camping
La Principessa: Loc. Campora S. Giovanni (SS 18 bei km 379), Tel. 098 24 69 03, Fax 098 24 83 90, ganzjährig.
Den schattigen Rasenplatz trennt nur die Straße vom 150 m entfernten Meer. Gutes Service-Angebot mit Restaurant, Frisör und SB-Laden. Komplettes Freizeit- und Sportprogramm von der Disco bis zum Beach-Volleyball.

Locanda di Mare: Via Stromboli 20, Tel. 09 82 42 82 62, Mo geschl., Menü 20–25 €.
Kulinarischer Hit der Trattoria ist der *pesce azzuro* – die verschiedenen lokalen Sardinenarten fängt Besitzer Natale schon seit seiner Kindheit. Sehr guter fangfrischer Grillfisch, hausgemachte Desserts, darunter getrocknete Feigen im Schokoladenmantel.

Bus: Linie Costabile mind. 1 x tgl. nach Paola, Cosenza, Camigliatello Lamezia, Catanzaro und zurück.
Bahnhof: Piazza Stazione, mehrmals tgl. nach Paola und Lamezia T.

Ziele in der Umgebung

Monte Cocuzzo (C 6): Der höchste in der Kette der Paolana-Berge (1541 m). Die Aussicht dort oben betört die Sinne: im Osten die Erhebungen der Sila, im Westen die Liparischen Inseln, im Norden das raue Pollino-Massiv, und im Süden glitzert der Golf von Sant'Eufemia mit dem berühmten Tropea. Anfahrt: nördlich von Amantea über Longobardi, ca. 25 km.

Bagnara Calabra (B 12)

Der Fischerort Bagnara Calabra (11 200 Einw.) ist inzwischen zu touristischen Ehren gekommen, aber doch recht ruhig geblieben. Das etwas höher in den Weinbergen liegende mittelalterliche Zentrum bildete sich um eine verlorene normannische Basteikirche. Im Ortsteil Marinella wohnen noch immer vorwiegend Fischerfamilien. Der Schwertfischfang ernährt viele Menschen und ist der Kontrapunkt zur süßen Torrone, die hier hergestellt und in mehr als einem Dutzend *pasticcerie* angeboten wird. Hoch über dem Ort läuft die riesige Autobahnbrücke entlang – Stahl und Beton der frühen 70er-Jahre.

Sehenswert

Kastell: Im normannischen Kastell bildet die Region heute ihre Hoteliers aus. Hier nächtigte 1117 wohl Roger II., als er zur Weihung der Basteikirche Santa Maria herkam.

Chiesa della Confraternità del Carmine: Die barocke Kirche aus dem frühen 17. Jh. macht mit nur einem Turm einen etwas unausgewogenen Eindruck. Das byzantinische Madonnenbildnis in ihrem Innern wird von den Gläubigen in Bagnara besonders verehrt.

Sport & Strände

An der Küste zwischen Bagnara und Scilla gibt es viele Grotten, und mindestens drei liegen hinter schönen Buchten: die **Grotta delle Rondini,** die **Grotta perciata** und die **Grotta delle Sirene.** Die kleinen Strände sind allerdings nur mit dem Fischerboot zu erreichen. Einfacher hat man es beim ebenfalls recht schönen **Stadtsandstrand von Bagnara.**

Einkaufen

Keramik: Günstige Keramik findet man nicht nur im Ort, sondern in der ganzen Umgebung.

Feste & Unterhaltung

Schwertfischfest: 1. So im Juli auf der Piazza. Zum Ende der Fangzeit wird den Gästen der Schwertfisch *alla bagnarese* angeboten: gekocht und mit Olivenöl, Zitrone, Kapern und Kräutern gewürzt.
Mia Martini: Musikfest in der letzten Septemberwoche.

Pro Loco: Piazza Matteotti, Tel. 09 66 37 13 19, www.prolocobagnara.it.

Delle Rose: Cso. Vitt. Emanuele 35–37, Tel. 09 66 37 10 88, DZ 80 €.
Das Delle Rose wurde 1997 renoviert, bietet 20 Zimmer mit Klimaanlage, Safe, Fön und TV, außerdem Aufzug und Parkplatz. Die gute und üppige Küche hat das **Hotelrestaurant** bekannt gemacht. Halb- und Vollpension nur wochenweise.

Camping

La Quiete: Palmi, Loc. Basana, Tel. 09 66 47 94 00, www.villaggiolaquiete.it, 1. Okt.–31. März geschl.
Schön schattiger Platz nur 50 m vom Meer (Sandstrand und Felsküste). Einkaufsmöglichkeiten, Disco, Restaurant, das Auto bleibt auf dem Parkplatz und nicht bei den Zelten.

Caffè Cardone: Cso. Vitt. Emanuele 59/61, tgl. 9–21 Uhr. Sehr schmackhafte und nicht überzuckerte *torrone* (ca. 4 €) aus eigener Herstellung des Traditionsunternehmens.

Ristorante Pizzeria La Torre: Piazza C. Battisti 11, Tel. 09 66 37 17 09, Menü ab 20 €. Klassisches Sonntagslokal der Einwohner, in dem man gute kalabrische Küche, Fisch und Pizza essen kann.

Taverna Kerkyra: Cso. Vitt. Emanuele 217, Tel. 09 66 37 22 60, Mo, Di und Weihnachten bis 6. Jan. geschl., Menü ab 35 €. Neben den regionalen Spezialitäten gibt es hier authentische griechische Küche, etwa Feta mit Zwiebeln aus dem Ofen, denn die Familie ist hellenischer Abstammung. Weitere Gründe für manche römische Prominenz, zum Essen extra hierher zu fliegen, sind die Fischgerichte (z. B. Goldbrassenfilet an Orangen) und die sizilianischen Süßspeisen.

Bus: Richtung Reggio.
Bahn: Verbindungen nach Lamezia Terme und Reggio di Calabria.

Ziele in der Umgebung

Palmi (B 11): Via F. Battaglia, Tel. 09 66 26 22 50, 09 66 41 10 80, Mo–Fr 8–14, Mo und Do auch 15–18 Uhr, Eintritt 1,55 €. Die Casa della Cultura L. Repaci macht aus dem sonst eher vernachlässigten Palmi das kulturelle Highlight der Umgebung. Die Stiftung des kalabrischen Schriftstellers Leonida Répaci (1898–1985) präsentiert etwa 200 Kunstwerke, überwiegend Gemälde und Skulpturen, u. a. von Corot, Manet und De Chirico. Die Sammlung ist im überregional bedeutenden Museo Civico, einem gut ausgestatteten Völkerkundemuseum, untergebracht.

Highlight 2

Capo Vaticano & Ricadi (B 10)

Die Küste am Kap ist der Touristenmagnet der Region. Die traumhaft weißen, granit-ziselierten Sandbuchten mit türkisfarbenem Wasser zwischen dem Golf von S. Eufemia und dem Golf von Gioia halten dem Vergleich mit der Karibik problemlos stand. Ernsthafte Konkurrenz bekommt die Costa degli Dei, die Küste der Götter, höchstens von den feinen Sandstränden in Capo Rizzuto (s. S. 73). Die bekannten Badebuchten des Capo Vaticano wie die Baia di Riace, Formicoli, Torre Ruffa, Grotticelle und Santa Maria liegen in der Gemeinde Ricadi (4450 Einw.), deren Ortsteile über die Ausläufer des Monte Poro (710 m) verteilt sind. Die dichte touristische Infrastruktur rund um den Monto Poro liegt eingebettet in mediterrane Vegetation mit Gemüsefeldern, Zitrusplantagen und Weinstöcken.

Sehenswert

Dass der Ortsteil Santa Maria einst ein friedlicher Fischer-Borgo war, lässt sich heute bestenfalls noch erahnen. Etwas ruhiger und beschaulicher geht es noch im Nachbardörfchen Joppolo zu. Auf halber Strecke dorthin liegt die Wallfahrtskirche Madonna del Carmine. Ziel für einen idyllischen Spaziergang bei Sonnenuntergang ist der Leuchtturm direkt am Kap.

Sport & Strände

Zwischen **Tropea** und **Joppolo** reiht sich eine Badebucht an die andere, manche sind nur über steile Fußwege oder vom Meer aus zu erreichen.

Die schönsten Buchten liegen südlich des Kaps in **Santa Maria di Ricadi.** Nördlich des Kaps erschweren zahlreiche Ferienclubs den Zugang zum Meer. Weißer Sandstrand auch in Joppolo. Die Karte »Costa degli Dei« verzeichnet alle Buchten und Strände (im Pro Loco oder am Kiosk erhältlich). Am Sandstrand kann man auch in **Nicotera Marina** liegen.

Bootsverleih und **Wassersportangebote** findet man in den größeren Badebuchten wie Baia di Riaci oder Santa Maria.

Einkaufen

Delizie Vaticane di Tropea:
Via Provinciale Tropea-Ricadi,
Tel. 09 63 66 95 23,
www.tropeadelizie.it.
Der Betrieb ist seit 1966 auf Anbau und Verarbeitung der roten Zwiebeln von Tropea spezialisiert: anerkanntermaßen die süßesten der Welt. Zwiebeln süßsauer, Zwiebelmarmelade, Zwiebelpastete und Zwiebelsauce neben Peperoncini-Creme, getrockneten Tomaten, Olivenpaste und *nduja*.

Feste & Unterhaltung

Rebus und Casablanca: Die beiden Freiluftdiscos in Santa Domenica sind der Mittelpunkt heißer und durchtanzter Sommernächte.

Pro Loco Capo Vaticano: S. Nicolò di Ricadi, Via Vaisette 40, Tel. 09 63 66 31 19, www.prolococapovaticano.it, nur in der Saison geöffnet.
Pro Loco in Joppolo: Piazza Tucci, Tel. 09 63 88 30 27.

Punta Faro: Nicolò di S. Ricadi, Loc. Capo Vaticano, Via Grotticelle, Tel. 09 63 66 31 39, Fax 09 63 66 39 68, www.hotelpuntafaro.it, Juni–Okt., HP pro Pers. 34–70 €. Hier trifft man auf ein relaxtes und angenehm ruhiges Ambiente im modernen Haus in Leuchtturmnähe, oberhalb des Strandes von Grotticelle. 25 freundliche Zimmer, Garten, Pool, Tennisplatz und Strand mit Blick auf die Liparischen Inseln und Sizilien.

Costa Azzurra: Loc. Capo Vaticano, Viale G. Berto, Tel. 09 63 66 31 09, Fax 09 63 66 39 56, www.hotelcostazzurra.com, Mitte April–Ende Okt., HP pro Pers. 50–70 €. In einer grünen Oase auf dem Landvorsprung von Capo Vaticano bietet die Costa Azzurra, zu Deutsch Blaue Küste, Komfort und Entspannung. Zum Meer geht es mit dem Shuttle.

La Bussola: Loc. S. Nicolò di Ricadi, Bivio Capo, Tel. 09 63 66 32 26, Fax 09 63 66 53 38, www.albergolabussola.com, Mai–Okt., Ostern, DZ 52–70 €. Von außen schlicht, gewinnt das Haus durch den schönen Garten mit Pool viel Reiz. Familiäre Atmosphäre, 24 Zimmer, Restaurant, Shuttle-Service zum Strand.

Umberto: S. Domenica, Via Riaci, Tel./Fax 09 63 66 90 68, www.hotel-umberto.it, DZ 68–136 €. Familiäres Haus, mit seinem pastell-bunten heiteren Neubau mit Gartenterrasse sehr einladend; 800 m zum Meer.

Camping

Tramonto: Via Capo Vaticano, Tel. 09 63 66 34 62, Fax 09 63 66 36 51, www.villaggiotramonto.it, 1. Mai–30. Sept. Kleiner familiärer Platz auf schattigem ebenen Gelände am Vaticano-Kap mit Privatstrand, Kanuverleih und Ausflugsangebot.

La Scogliera: Punta Tono, Tel. 09 63 66 30 02, ganzjährig. Großer Rasenplatz, genug Schatten und alle gängigen Services, Sandstrand mit Felseinsprengseln, Disco, Bootsverleih.

Agrituristica al Faro: Loc. Capo Vaticano, Via Giuseppe Berto, Tel. 09 63 66 37 39, Snacks/Menü 10–25 €.
Eingebettet in die wunderbare Landschaft am Kap liegen Pizzeria (Mai–Sept.) und Wein-Bar (ganzjährig) von Signor Michele. Schmackhafte Landküche, rustikale Pizza.

Villa del Mantineo: San Nicolo di Ricadi, Loc. Capo Vaticano, Via Giuseppe Berto, Tel. 09 63 66 33 26, Menü ab 20 €.
Der Agriturismo von Vittorio Micelii an der Bucht Praia i Focu, zu der ein Fußweg hinabführt, wird wegen seiner ausgezeichneten traditionsverbundenen Küche geschätzt. Die abgeschiedene Lage am

Badebucht Santa Maria am Capo Vaticano

Capo Vaticano macht die Villa del Mantineo zum idealen Ziel für romantische Ausflüge. Vermietung von Appartements, Vermittlung von Unterkünften in Bauernhäusern der Umgebung (DZ ab 65 €).

Bus: Mehrfach tgl. durch die Küstenorte; Juni–Sept. 4–5 x tgl. Autolinee Vibonesi von Ricadi nach La Praia/Zambrone, bedient alle Strände am Capo Vaticano.
Bahn: Die Bahnhöfe von S. Domenica, Ricadi, Coccorino, Joppolo liegen etwas abseits der Strände, tgl. mehrmals nach Tropea, Pizzo, Nicotera, Lamezia Terme, Rosarno, Reggio di Calabria.

Ziele in der Umgebung

Nicotera (B 10): Nicotera konnte sein mittelalterliches Stadtbild bewahren. Alte Steinmetztraditionen haben in dem über dem Golf von Gioia gelegenen Ort ihre Spuren hinterlassen – vor allem in den geschwungenen Hausportalen. Im normannisch-staufischen Castello dei Ruffo ist das kleine Archäologische Museum (9–12, 16–20, Mo geschl., im Winter 8–14 Uhr, So geschl., Eintritt 1 €) untergebracht, das Einblicke in Geschichte und Kultur der Gegend bietet.

Sehenswert sind auch die normannische Kathedrale Santa Maria Assunta, die nach dem Erdbeben von 1783 neu aufgebaut wurde, und das Diözesanmuseum (9–12, 16–19, im Winter nur So 10.30–12.30 Uhr, Eintritt frei).

Castrovillari (C 3)

Der Ort mit 22 400 Einw. am Rande des Pollino-Massivs hat sich einen Ruf als engagierte und erfrischende Kulturstadt erworben. Der Corso Garibaldi aus dem 19. Jh. prägt das Ortsbild und verbindet den neueren Stadtteil mit dem mittelalterlichen Centro Storico. Eine Blütezeit erlebte der Ort unter Friedrich II., der eine jüdische Kolonie ansiedelte – das Viertel trägt heute noch den Beinamen Giudeca.

Sehenswert

Altstadt: Am Anfang des Centro Storico, der hier auch Civita genannt wird, behauptet das Castello Aragonese auf der nach ihm benannten Piazza seine Stellung. Eine lateinische Inschrift auf dem Bauwerk mit den vier markanten Wachtürmen (15. Jh.) erklärt, dass es nicht dem Schutz der Bewohner diene, sondern ihrer Einschüchterung. Besänftigender ist der beeindruckende Ausblick auf die Pollino-Höhen.

San Giuliano: Die Barockkirche am Rande der Civita, dort, wo sie zur Giudeca übergeht, entstand als Erweiterung eines Normannenbaus. Im dreischiffigen Innern versammelt das **Museo d'Arte sacra** Gemälde, Skulpturen und Silber vom 16. bis zum 19. Jh.

Santuario della Madonna del Castello: Largo Castello.
Normannische Grundmauern, gotisches Portal und eine reiche Barockausstattung mit manieristischen Elementen charakterisieren die bedeutendste Kirche der Stadt. Auf Anfrage kann die Sakristei besichtigt werden.

Museo Civico Archeologico:
Protoconvento Francescano,
Via S. Francesco d'Assisi, Tel.
098 12 52 66, Mobil 34 89 83 87 30,
www.museoarcheologicocastrovillari.it
(Gruppo Archeologico del Pollino),
Mo–Fr 10–12, 17–19 Uhr, Eintritt frei, Anmeldung erwünscht, da das Kloster nicht immer besetzt ist.
Seit einigen Jahren befindet sich das Archäologische Museum im ehemaligen Franziskanerkloster, das wegen seiner beiden Kreuzgänge (16. und 18. Jh.) selbst schon eine Besichtigung wert ist. Im Museum Funde aus der Steinzeit bis zum Mittelalter aus Castrovillaris Umgebung. Zum Klosterkomplex gehören auch die **Pinacoteca Andrea Alfano** mit Gemälden von Alfano (1879–1967) und das **Teatro Sybaris** in den früheren Klosterstallungen. Führungen bietet der Gruppo Archeologico an.

Canyoning

Ideal für den *torrentismo*, die kalabrische Variante des Canyoning, ist das beeindruckende Tal des 30 km langen Raganello (D 2) im Pollino-Nationalpark. Im Innern der Timpa di San Lorenzo verengt sich das Tal auf 13 km Länge zum Canyon, die Felswände schießen senkrecht bis zu 800 m in die Höhe. Man erreicht das Tal über San Lorenzo Bellizzi.

Unerfahrene sollten sich einem Bergführer anschließen (beim Nationalpark Pollino, s. S. 77, oder beim Museo Etnico in Civita, s. S. 108).

Ein Helm gegen Steinschlag ist ratsam.

Sport & Strände

Grotta delle Ninfe: Cerchiara,
Balze di Christo, Tel. 09 81 99 11 97,
Ende Mai–Anfang Okt. 8–20, Juli u.
Aug. bis 24 Uhr, 4 €.
Schon vor über 2000 Jahren badeten Mädchen und junge Frauen aus dem antiken Sybaris in der märchenhaften Grotte mit der schwefelhaltigen warmen Quelle und pflegten ihre Schönheit mit Fangoanwendungen. Neben der Grotte befindet sich heute ein Thermalbecken (30 °C), Fango kann man sich nach Lust und Laune selbst auftragen.

Höhlenwandern: Gruppo Speleologico Sparviere, Alessandria del Carretto, Tel. 098 15 30 25.
Wanderungen in den über 20 Grotten in der Umgebung von Cerchiara.

Feste & Unterhaltung

San Giuliano: 27. Jan. Zu Ehren des Stadtpatrons findet die Sagra delle vecchiaredde statt, nach altem Brauch gibt es dann frittierte Hefebällchen.

Carnevale del Pollino: Der Karneval im Feb. ist über die Provinzgrenzen für seine Originalität bekannt und wird von einem Folklorefestival begleitet.

Fest der Madonna del Castello: Ende April/Anfang Mai.

Etno-Jazz Festival: 4. Woche im Juli. World Musik, internationaler Jazz, populäre Musik und als Rahmenprogramm Videos und Workshops.

Pro Loco per Pollino: Corso Garibaldi 160, Tel./Fax 098 12 77 50, www.prolococastrovillari.it. Info-Kiosk vor dem Municipio (Rathaus), auch zum Nationalpark Pollino.

La Locanda di Alia: s. u., Restaurants.

San Michele: Saracena, Contrada San Michele, Tel. 098 13 45 90, HP pro Pers. 46 €.
Der Agriturismo südwestlich von Castrovillari im charakteristischen alten Landgut auf 800 m Höhe bietet sechs Zimmer, einen kleinen Zeltplatz, ein atemberaubendes Panorama, ein Restaurant mit traditioneller Pollino-Küche und ein großes Spektrum von Agrarprodukten.

La Torre Infame: Largo Castello, Tel. 098 12 64 55, Mo geschl., Menü 25 €.
Die Osteria vor dem Kastell besinnt sich auf alte Kochtraditionen und die typischen Gerichte der Umgebung.

La Locanda di Alia: Via Jetticelle 55, Tel. 098 14 63 70, www.alia.it, So geschl., Menü um 40 €.
Das Restaurant gilt als Gourmet-Klassiker der Region. Küchenchef Gaetano würzt mediterrane und kalabrische Küche mit einer Prise Innovation: Pasta Candele mit pikantem *ndujasugo,* Panzerotti aus Ricotta und Spinat oder raffinierte Lammgerichte. stehen auf dem Plan. Das **Landgasthaus** mit 14 Zimmern (DZ 85–120 €) kann an Raffinesse mit dem Restaurant locker mithalten. Komfort mit antiken Möbeln, mediterranem Garten und Pool. Statt Einheitsfrühstück lokale Spezialitäten.

Auch im Angebot Wanderungen in den Pollino-Nationalpark.

Bus: SAJ-Busse mindestens 2 x tgl. nach Cosenza, Cerchiara, Sibari, Trebisacce, Spezzano Albanese und Morano.

Ziele in der Umgebung

Cerchiara di Calabria (D 2): Der Borgo mitten in der karstigen, schluchten- und wasserreichen Landschaft des Pollino hat seine byzantinische Vergangenheit in den Kirchen San Giacomo und San Pietro Apostolo bewahrt. Spektakulär ist das Santuario Santa Maria delle Armi, das wenige Kilometer südlich des Ortes in den Monte Sellaro gebaut ist. Im 15. Jh. entstand die Kirche um eine Grotten-Einsiedelei von Basilianern. Vor allem am 25. April verehren Pilger das in Stein geritzte Bild der Madonna delle Armi. Ein feucht-vergnüglicher Abschluss des Ausflugs ist das Bad in der Thermalquelle der Grotta delle Ninfe (s. S. 50).

Catanzaro (E 8)

Catanzaro (95 160 Einw.) ist die Hauptstadt der Region, und viel mehr ist darüber auch nicht zu sagen. Der Ort liegt eingekeilt zwischen Autobahn und Brücken auf 343 m Höhe über zwei Flusstälern. Ei-

ALIMENTARI
PANINI
LA BOTTEGA DEL PEPERONCINO
BOTTARGA DI TONNO CAVIALE DEL SUD
N'DUJA DI SPILINGA CASARECCIA
NEONATA DI PESCE
FILEY TROPEAN
FATTI-A-MANC
GRAPPA DELL'ASPROM
AL PEPERONCINO-RUTA
GLI SPIRITO FICHI ALLA GRAPPA
PURA PASTA DI MANDORLA
FORMAGGIO PECORINO CROTONESE DOC
TONNO DI TONNARA LAVORATO CON PESCE FRESCO
FRESCHE

ne der längsten Betonbrücken Europas führt die Besucher fast bis in die Altstadt, von deren Terrassenanlage mit vielen Gebäuden und Quergassen aus dem Mittelalter nach drei Erdbeben nicht mehr viel zu sehen ist. Anderen Städten der Region gegenüber hat Catanzaro aber einen Vorteil: Es liegt im Isthmus Kalabriens, dort also, wo der Weg von Küste zu Küste am kürzesten ist.

Sehenswert

Piazza Matteotti: Die lang gestreckte Piazza verbindet Neustadt und Altstadt, sodass sich hier moderne Bauten und z. T. ganz hübsche Jugendstil-Palazzi wie der des Istituto Tecnico gegenüberstehen.

Corso Mazzini: Der Corso durchschneidet von der Piazza Matteotti ausgehend die Altstadt, in der hier und da noch einige alte Palazzi aus dem späten 18. Jh. geblieben sind. Am Corso selbst sind die Kirchen S. Giovanni Battista (Pza. Garibaldi) und S. Omobono (Via de Grazia) aus dem 12. Jh., die älteste des Ortes, interessant. Die Via Carlo V begrenzt die Altstadt zum Tal hin und ist mit ihrem weiten Ausblick der Balkon der Stadt.

Dom: Der Dom geht auf eine Kirche aus dem 12. Jh. zurück, die, so sagt man, auf Wunsch des Papstes Callisto II. errichtet wurde. Beim Wiederaufbau von 1960 wurden die Schäden der Weltkriege und der Erdbeben beseitigt. Im Inneren eine Engelsmadonna aus Marmor, 1595 im Stil der Schule von Messina gefertigt.

Villa Trieste: Hinter der Piazza Cavour am Rande der Altstadt liegt die Villa Trieste, der Stadtpark Catanzaros. Die Anlage mit mediterranen und exotischen Pflanzen sowie Büsten kalabrischer Künstler dient den Stadtbewohnern zur Erholung und wird von ihnen meist *il paradiso* genannt.

Museo Provinciale: Villa Trieste, Tel. 09 61 72 00 19, Mo–Fr 9–13, 17–19, Sa 9–13, So 9–12 Uhr, Eintritt frei.
Das 2001 komplett renovierte Museum ist das älteste Kalabriens: Es öffnete 1879 seine Pforten, zählt unter museumsdidaktischen Gesichtspunkten heute aber zu den modernsten in Italien. Der Schwerpunkt liegt auf der weltweit einzigartigen Sammlung von 8000 Münzen, die ein Bild vom Handel in der Vergangenheit Kalabriens vermitteln. Besonderes Kuriosum der Sammlung ist eine Guillotine.

MARCA-Museo delle Arti Catanzaro: Via Alessandro Turco, Tel. 09 61 74 12 57, Di–So 9.30–13 u. 16–20.30 Uhr, 3 €.

Die kalabrischen Lebensmittelläden sind ein Paradies für Nordeuropäer

Agriturismo Santa Cinnara

In den Hügeln vor der Sila liegt das 7 ha große Anwesen Santa Cinnara mit Mandel- und Olivenbäumen. Francesco Fratto züchtet nicht nur Kleintiere, Esel, Kühe und Schweine, sondern legt auch viel Wert auf alte Spiele, die er Kindern gerne beibringt. Außerdem gehört zum Agriturismo ein Bauernmuseum, es werden Ausflüge veranstaltet, und die Gäste können bei der biologischen Produktion zusehen. Tischtennis, Fußball- und Tennisplatz, Pool. Haustiere willkommen. 6 km zum Meer (Soveria Simeri, Contrada Corticello, Tel. 09 61 79 84 56, Fax 09 61 79 85 26, www.santacinnara.it, DZ 54 €, HP pro Pers. 50 €).

Das erste Museum für zeitgenössische Kunst der Region vereint klassische Pinakothek, moderne Kunst und wechselnde Ausstellungen unter einem Dach.

Museo Diocesano: Via Arcivescovado 13, Tel. 09 61 72 13 33/9, Mo, Mi, Sa 17.30–19.30 Uhr und auf Anfrage, 1 €, erm. 0,50 €. Gemälde, Monstranz, Baldachin, Skulpturen aus Holz und Marmor.

Museo Laboratorio del Tessile: Soveria Mannelli, Via Cava 43, Tel. 09 68 66 20 27, Mo–Fr 9–12, 14.30–17.30, Sa, So 9–12 Uhr, Eintritt frei.
Das Museum will das Erbe der ältesten kalabrischen Wollfabrik Lanifico Leo, bewahren. Der Betrieb wurde 1873 gegründet und arbeitet noch heute. Das Museum zeigt Maschinen, die hier von 1890 bis 1965 benutzt wurden, und Druckstöcke, mit denen die Produkte per Hand dekoriert wurden.

Museo delle Carozze: Siano, Podere de Paola, Loc. Monte Musofalo, Tel. 09 61 46 95 46, Mo–Fr 8.30–12, 15.30–18 Uhr.
Die Kutschenkollektion des Barons De Pàola und bäuerliche Gegenstände aus der Zeit der Großgrundbesitzer und ihrer Abhängigen.

Sport & Strände

Golf Club Porto d'Orra: Catanzaro Marina, SS 106 Ionica, km 194, Tel. 09 61 79 10 45.

Einkaufen

Wochenmarkt: jeden Do am Lido di Catanzaro.
Gemüse, Kleidung, Haushaltswaren.

Cristallo & figlio: Corso Mazzini 125/Piazza Garibaldi.
Historisches Modegeschäft der Stadt. Elegante Hüte und Accessoirs.

Feste & Unterhaltung

La Naca: Karfreitag. Abendliche Kreuzwegprozession auf dem Hauptcorso.

Fiera di S.Vito: in Catanzaro Marina im Juni. Handwerk, lokale Produkte und Kulinarisches.

Fiera di San Lorenzo: 5.–10. Aug. Kunsthandwerksmarkt.

APT und Infobüro: Galleria Mancuso, Tel. 09 61 74 17 64, 09 61 74 39 01, www.comunecatanzaro.it, www.regionecalabria.it/turismo.html, www.mycatanzaro.it.

Belvedere: Via Italia 33, Tel. 09 61 72 05 91, Fax 09 61 72 77 40, DZ 58 €.
Schlichtes, aber zweckmäßiges kleines Hotel in der Nähe der Altstadt und der Villa Trieste. Nicht alle Zimmer haben Bad, auf jeden Fall vorher zeigen lasssen.

Stillhotel: Catanzaro Marina, Via Melito di Porto Salvo 102a, Tel. 096 13 28 51, Fax 096 13 38 18, www.stillhotel.it, DZ 60–100 €.
Ein neues, modern eingerichtetes Haus mit Garten und Meerblick auf einem Hügel. Die 33 klimatisierten Zimmer sind behindertengerecht ausgestattet.

Agriturismi

Residenza Contrada Guido: Sellìa Marina, Contrada Guido, Tel./Fax 09 61 96 14 95, 33 58 21 59 97, www.contradaguido.it , HP pro Pers. 65–85 €.
Gastlichkeit der Oberklasse in einem luxuriös renovierten Landgut aus dem 18. Jh. mit Pool.

Vecchia Posta: Via Degli Angioini 81, Tel. 330 81 57 11, Sept. geschl., Menü ab 15 €.
Sehr familiäres Restaurant, in dem es die Spezialitäten aus Catanzaro gibt,

etwa *pasta piena* oder *pasta ca'muddica.*

Brace: Catanzaro Marina,
Via Melito di Porto Salvo 102a,
Tel. 096 13 28 51,
Mo und im Juli geschl., Menü 30 €.
Das elegante Restaurant gehört zum Stillhotel (s. S. 54) und serviert auf seiner Panoramaterrasse vor allem klassische und raffinierte Fischgerichte der Region.

Bahn: nach Cosenza mit Ferrovie della Calabria, nach Catanzaro Lido und Lamezia Terme mit Ferrovie dello Stato. Von Cantanzaro Lido nach Reggio di Calabria und Taranto.
Bus: vom Busterminal am Bahnhof in die Orte der Umgebung.

Highlight 3

Tiriolo (E 8): Etwa 6 km von Catanzaro entfernt im Landesinneren liegt dieser nette Ort, von dem aus man bei klarem Wetter eine gute Sicht auf das Tyrrhenische und das Ionische Meer hat.

Ziele in der Umgebung

Taverna (E 7): 1613 wurde Mattia Preti in Taverna geboren, und der Ort ist mittlerweile zu einer Art Freiluftmuseum für den berühmten Barockmaler geworden. Seine Bilder sind in der Kirche, im Kloster San Domenico und im Museo Civico zu sehen. Infos im Rathaus, Tel. 09 61 92 28 03, und unter www.tavernaonline.it.

Cirò & Cirò Marina (G 5, H 5)

Einer der bekanntesten Ortsnamen Kalabriens, denn der hier erzeugte Wein wird nach Europa, Übersee und Asien exportiert. Cirò gibt es in einer Berg- und in einer Küstenversion: Der ältere Ort ist das auf 351 m Höhe liegende Cirò (3600 Einw.), im 11. Jh. von Küstenbewohnern gegründet, die hier oben Schutz vor Sarazenenüberfällen suchten. Dort ist die Architektur weitgehend erhalten geblieben, wie ein Rundgang durch das Winzerdorf mit einem Schloss aus dem 15. Jh., kleinen Plätzen und engen Gässchen schnell zeigt. Von hier oben hat man einen weiten Ausblick über die Weinberge Ciròs bis hin zum Meer.

Nach Cirò Marina (14 000 Einw.) kommen daher nicht nur Gäste, die an den schönen Stränden mit sauberem Wasser Urlaub machen wollen, sondern auch solche, die am bekanntesten Wein Kalabriens interessiert sind. Mehr als ein Dutzend Unternehmen produzieren und verkaufen in Cirò und Umgebung ihre guten Tropfen. Sehenswert sind die Mercati Saraceni, die vor etwa 500 Jahren gebaut wurden und im Sommer die Kulisse für abendliche Unterhaltungsprogramme bilden.

Sehenswert

Museo Archeologico: Cirò Marina,
Piazza Diaz, Tel. 09 62 37 00 56,
Mo–Fr 9–13 Uhr.
Kleines Museum, das Keramik, Bronzen und andere Fundstücke aus der Umgebung zeigt.

Sport & Strände

Rund um das **Kap Punta Alice** sehr schöne Strände, die nur zur Hauptsaison richtig voll werden.

Einkaufen

Enoteca del Corso: Cirò Marina,
Cso. V. Emanuele 115,
Tel. 09 62 37 02 14, 8–12, 16.30 bis 20 Uhr, So und Mi nachm. geschl.

Rustikales Ambiente in einem Palazzo aus dem 18. Jh.; 200 Weine und kalte Kleinigkeiten der kalabrischen Küche zur Auswahl.

Ippolito: Cirò, Via Tirone 118, Tel. 096 23 11 06, Sa nachm. geschl., www.ippolito1845.it, Anmeldung erwünscht.

Der älteste und renommierteste Winzerbetrieb in Cirò mit Weinbergen zum Teil direkt am Meer gelegen. Absolut empfehlenswert sind Cirò Rosso Classico Superiore und der frische weiße Chrysòs.

Cantina Cooperativa Caparra e Siciliani: an der Abzweigung von der SS 106 nach Cirò, Tel. 09 62 37 14 35.

Der Wein Ciròs in drei Farben: Weiß, Rosé und Rot.

Librandi: SS 106, Contrada San Gennaro, Tel. 096 23 15 18, www.librandi.it, Voranmeldung notwendig.

Die lange Tradition der Winzer verbindet sich hier mit modernster Weinbautechnik. Librandi ist mittlerweile zum Markenzeichen der Weine Kalabriens geworden.

Pro Loco: Cirò Marina, sPiazza Diaz, Tel. 09 62 37 07 30, www.prolocociromarina.it.

Weinernte bei Cirò, hier entsteht ein berühmter Tropfen

... in Cirò Marina
Il Gabbiano: Loc. Punta Alice 2, Tel. 096 23 13 39, www.gabbiano-hotel.it, ÜF 85–100 €.
Geräumiges Haus, geführt von den sympathischen Brüdern Francesco und Antonio. Große Terrassen mit Blick auf den nahen Strand, sehr gutes Restaurant, Garten, Schwimmbad, klimatisierte Zimmer.
Camping:
Punta Alice, Cirò Marina, Loc. Punta Alice, Tel. 096 23 11 60, Fax 09 62 37 38 23, www.puntalice.it, ganzjährig.
Großer schattiger Platz am Meer (Kiesel-, Sand- und Felsufer), Disco und Kino, Animation, Fahrradverleih. Viele Dauercamper.
... außerhalb
Costa Elisabeth: an der SS 106 bei km 291, Tel. 096 23 29 63, Fax 096 23 29 61, www.costaelisabeth.it, DZ 38–70 €.
Sportives Hotel mit Tennisplatz, Fitnessraum, Hallen- und Freibad sowie Wellness-Einrichtungen. Klimatisierte Zimmer, Aufzug, Garten, Hotelstrand, 90 Zimmer.
Apartments und Ferienwohnungen: siehe die Website der Pro Loco www.prolocociromarina.it.
Zahlreiche Angebote an Privatunterkünften überwiegend für die Sommermonate in Cirò und Umgebung.

L'Aquila d'oro: Cirò, Via S. Elia, Tel. 096 23 85 50, Mo geschl., Menü 15–20 €.
Bar, Pizzeria und Trattoria zugleich mit ortstypischen Gerichten wie Zicklein mit Kartoffeln, aber auch *nduja* oder *sardella,* die man hier mit Zwiebeln isst. Sehr freundlich und familiär, wenige Tische im Speisesaal, noch weniger im Freien, also besser reservieren.
Max: Cirò Marina, Via Togliatti, Tel. 09 62 37 30 09, nur abends, im Winter Mo, Nov. geschl., Menü 20 €.
Nette Variante eines Multifunktionslokals, das gleichzeitig Pub, Pizzeria und Trattoria ist: Die *orecchiette* mit Miesmuscheln und Bohnen oder der gegrillte Räucherkäse mit Steinpilzen und Schwertfisch sind nur zwei der empfehlenswerten Gerichte.

Bahn: Der Bahnhof von Cirò Marina liegt an der Linie Taranto–Catanzaro Lido.
Bus: Verbindungen nach Catanzaro, Cosenza und Crotone.

Copanello (E 9)

Der bekannte Urlaubsort (1500 Einw.) hat die ausgeprägte touristische Erschließung seinen schönen Sandstränden zu verdanken, von denen kaum einer noch liegestuhlfrei ist, zumindest zwischen Juni und September. Ansonsten hat Copanello zwar keine besonderen Sehenswürdigkeiten, aber alle Einrichtungen zum Strand- und Badeurlaub. Copanello ist der Ortsteil am Meer der etwas höher im Landesinneren gelegenen Gemeinde Stalettì.

Sehenswert

Museo Naturalistico Libero Gatti: Piazzale Elvira Marincola Cattaneo 4, Tel. 09 61 91 15 30, tgl. 16–19 Uhr, Juli/Aug. 16–23 Uhr, 5 €.
Eine beeindruckende Muschelsammlung mit Exemplaren aus aller Welt. Das Museum umgibt ein botanischer Garten mit mediterraner Macchia und Südfrüchten.

Sport & Strände

Außer am **Copanello-Strand** badet man beim **Lido Pietragrande** und an der **Spiaggia Montepaone** (beide ausgeschildert). Saisonale **Wassersportangebote** gibt es an allen Stränden.

Pro Loco: In Stalettì, Via A. Fazzari, Mobil 33 86 20 48 65.

I Gabbiano: Via Lido 4, Tel./Fax 09 61 91 13 43, Mai–Sept., www.hotelilgabbiano.it, DZ 58–90 €.
Man spricht auch Deutsch im sehr gepflegten Hotel mit Strandterrasse, freundlicher Atmosphäre und gutem Fischrestaurant.

… außerhalb

Hotel gli Ulivi: Soverato, Via Aldo Moro 1, Tel. 09 67 52 11 94, Fax 096 72 14 87, www.hotelgliulivi.it, DZ 65–130 €.
Der Familienbetrieb mit 50 Zimmern liegt 50 m vom Kies-Sand-Strand entfernt, verfügt über ein gutes Restaurant und nüchterne, klimatisierte Zimmer. Sympathische Hotelleitung, guter Standard.

Il Pescatore: Montepaone Lido, Via del Pescatore 23, Tel. 09 67 57 63 03, www.hotelpescatore.it, HP pro Pers. 40–70 €.
Hier ist aus einer Trattoria in den vergangenen Jahren ein kleines, bequemes Hotel geworden, das auch über einen Privatstrand und Zugang zum Aquapark verfügt.

A' Lumera: Montepaone Lido, Via Don Luigi Sterzo 7, Tel. 09 67 57 62 90, DZ 55 €, HP pro Pers. 58 €.
Kleines und modernes, aber einfaches Hotel am Meer mit einem guten Restaurant.

Bahn: Bahnhof Copanello.
Bus: Verbindungen nach Catanzaro und die Küste auf- und abwärts. Info im Pro Loco in Stalettì.

Highlight 4

Cosenza (D 6)

Die Kulturhauptstadt Kalabriens (73 000 Einw.) hat wieder zu sich selbst gefunden. Vor fünfzehn Jahren begann der damalige Bürgermeister Giacomo Mancini mit einem Rettungsprogramm für die vom Zerfall bedrohte Altstadt. Die neue Blüte zeigt sich vorerst am deutlichsten auf dem Corso Telesio mit den renovierten Palazzi und dem sanierten Kastell auf der Höhe des Colle Pancrazio. Seit dem Mittelalter spielte Cosenza geografisch bedingt eine wichtige Rolle als Vermittlerin zwischen der italienischen Halbinsel und der abgelegenen Südspitze. Heute füllen abends viele Studenten die Straßen und Plätze der wiederentdeckten Altstadt. Die renommierte Universität liegt außerhalb Cosenzas in der Vorstadt Arcavata.

Sehenswert

Corso Telesio: Die Hauptader der Altstadt ist benannt nach dem Philosophen Bernardo Telesio. Ihre Bars, Cafés, Buchhandlungen, Geschäfte und Büros verleihen dem Centro Storico neues Leben.

Duomo: Der normannische Dom, erbaut um die Mitte des 12. Jh., musste schon wenige Jahre später, nach dem Erdbeben 1184, komplett neu errichtet werden. 1222 erneute Weihung in Anwesenheit Kaiser Friedrichs II. Im Querschiff verdient das Grab von Isabella von Aragon Aufmerksamkeit. Das Motiv der als Madonna della Cinta verehrten Muttergottes mit dem betenden Königspaar ist höchst selten in der kalabrischen Kunstgeschichte.

Piazza XV Marzo: Repräsentative Architektur aus dem 19. Jh. charakterisiert den Vorzeigeplatz am Ende des Corso Telesio. Der Palazzo del Governo, Mitte des 19. Jh. auf alten Klostermauern erbaut, ist Sitz der Präfektur. Die Villa Comunale, der herrschaftliche Stadtpark, ist für die Kriegsgeneration das Symbol Cosenzas. An der Fontana

dei Tredici Canali (Brunnen der Dreizehn Brünnchen) beginnt der Aufstieg zum Castello. Laut Volksglauben haben die kleinen Brunnen magische Kräfte und bringen Liebenden Glück. Im Gebäude der altehrwürdigen Accademia Cosentina sind derzeit noch das Museo Civico und die Biblioteca Civica untergebracht.

Castello Svevo: auf dem Colle Pancrazio, tgl. 8–20 Uhr, während des Sommerkulturprogramms länger.
Unverkennbar die Handschrift des Erbauers Friedrichs II.: Der achteckige Turm erinnert an das Castel del Monte. Der Aufstieg zum Kastell durch das Altstadtviertel Porta Piana reizt auch wegen der Aussicht über die Hügel und Flüsse von Cosenza.

San Francesco di Paola: nördliches Ortsende, ab SS 18 ausgeschildert. In der Kirche aus dem 16. Jh. zeigen Fresken das Leben des hl. Francesco. Schöner Blick auf den alten Stadtkern.

Piazza dei Bruzi: Der Corso Mazzini, die Fußgängerzone der Neustadt, endet auf der Piazza mit 30er-Jahre-Architektur und einer eindrucksvoll düsteren Bruttier-Skulptur von Mimmo Paladino.

Museo Civico Archeologico:
Piazza XV Marzo,
Tel. 09 84 81 33 24,
tgl. 9–13.30, Mo und Do auch 16–18 Uhr, Eintritt frei.
Exponate zur Frühgeschichte und Antike aus dem cosentinischen Umland und einer Nekropole in San Mauro di Corigliano.

Palazzo Arnone/Galleria Nazionale di Cosenza: Via Gravina, Tel. 09 84 79 56 39, Di–So 10–13 u. 17–19.30, Eintritt frei.
Im ehemaligen Kerker-Gebäude ist die neue Pinakothek untergebracht. Viel Barock und wechselnde Ausstellungen.

Einkaufen

Souvenirs und Buchhandlungen an Corso Telesio/Piazza Duomo.

Ausgehen

Cosenza lebt nachts auf dem **Corso Telesio** und der **Piazza Duomo.** Musikbars, Pubs mit Livemusik und Cafés sorgen für Abwechslung beim Flanieren, z. B. das **Café Renzelli** an der Piazza Parrasio (Tel. 098 42 68 14), das schon 1803 gegründet wurde.

Feste & Unterhaltung

Casa delle Culture: Corso Telesio, Tel. 09 84 79 02 71, 09 84 81 33 96.
Das Haus der Kulturen ist neben dem Kastell das Symbol der aus dem Dornröschenschlaf erwachten Altstadt. Wechselnde Ausstellungen, Kulturtreff, Theaterstücke, Filme, Konzerte.

Teatro Rendano: Piazza Prefettura, Tel. 09 84 81 33 31.
Im glanzvollen, 1909 eingeweihten Theater Schauspiel, Konzerte, Oper und die hauseigene Filarmonia Mediterranea.

Festa dei Fiumi: Ende Juni.
Das Kulturfestival der Stadt mit Theater, Ausstellungen und Aufführungen. Infos in der Casa delle Culture, s. o.

Centro Comunale di Promozione Turistica: Via Antonio Toscano (auf der Rückseite des Doms), Tel. 09 84 81 33 36.
Infos zum historischen Stadtkern Mo–Fr 8–12 Uhr.

APT: Corso Mazzini 92,
Tel. 098 42 72 71, 098 42 73 04,
www.aptcosenza.it.

Parco Nazionale della Calabria:
Viale della Repubblica 26,
Tel. 098 47 67 60, www.parcosila.it.
Speziell zum Nationalpark in der Sila Grande. Hier können auch autorisierte Wanderführer gebucht werden.

Grisaro: Viale Trieste 38, Tel./Fax 098 42 78 38, Tel. 098 42 79 52, DZ 47–55 €.
Preiswerte Unterkünfte sind rar in Cosenza. Das Grisaro füllt die Lücke mit 26 frisch renovierten Zimmern, nicht weit vom Hauptbahnhof entfernt. Familiäres Ambiente, behindertengerecht.

Central: Via del Tigrai 3, Tel. 098 47 57 50, Fax 098 47 36 84, www.hotelcentralecosenza.it, DZ 90–130 €.
Seit 2001 erstrahlt das Best-Western-Hotel in modernisiertem Glanz, der die Gäste schon in der durchgestylten Halle (mit Internet-Point für einsame Nächte) empfängt. In den Zimmern elegant perfektionierter Komfort von Klimaanlage bis Sat-TV. Service auf Business-Niveau.

Perbacco: Piazza dei Valdesi 3, Tel. 0984 795569, www.perbaccowinebar.it, Menü 15–20 €.
Rustikale Spezialitäten aus der Sila, köstlicher Käse und ausgezeichnete Würste bieten sich als Begleitung zu den über 400 Weinsorten an. Gemütliche Atmosphäre.

Giocondo: Via Piave 53, Tel. 098 42 98 10, So abends geschl., Menü 15–20 €.
Heiteres Lokal in der Altstadt. Schlichte regionale, schmackhafte Küche: hausgemachte Pasta, Fleischgerichte, frischer Fisch.

Al Mulino: Contrada Macchia della Tavola, Tel. 098 42 80 27, Mi und So abends sowie Juli/Aug. geschl., Menü 20–25 €.
Am Ufer des Bussento hat Paolo Guzzo den großen Innenhof in einen originellen Speisesaal verwandelt – erinnert an ein Nachbarschafts- oder Straßenfest. Spezialitäten *mazzacore* und *purpette*. Gute Vorspeisen, im Sommer viele Gerichte mit Miesmuscheln und Fisch, im

Neues Leben regt sich in der Altstadt von Cosenza

Winter herzhafte regionale Küche. Gute Pizza aus dem Steinofen.

… in Rende

Il Setaccio: Contrada S. Rosa,
Tel. 09 84 83 72 11, So geschl.,
Menü 20 €.
Die schlichte Landtrattoria im renovierten Bauernhaus nennt sich auch gerne Osteria del Tempo Antico. Besitzer Domenico Zarelli serviert solide, bäuerliche Küche der Region. Reichliches Vorspeisenbüfett, hausgemachte Pasta je nach Saison mit Bohnen, Pilzen oder Wildschwein. Als *secondo* Lamm, Kaninchen, Wild, zum Dessert Kuchen eigener Herstellung.

Bus-Bahnhof: Corso Italia. **Autolinee SAJ** mindestens 1 x tgl. nach Amendolara, Castrovillari, Cerchiara, Sibari, Spezzano Albanese, Trebisacce. **IAS-Busse** mindestens 1 x tgl. nach Camigliatello, Lorica, San Giovanni in Fiore, Paola, Rossano und Catanzaro.

Bahn: Hbf Nuova Stazione Centrale FS: nördlich der Neustadt. Fernverkehr ab Bhf in Paola. Stazione Cosenza Centro/Ferrovie della Calabria: Piazza Matteotti, www.ferroviedellacalabria.it, Tel. 09 84 57 81 20.

Ziele in der Umgebung

Rende (C 5): Die Einwohner Cosenzas fahren nach Rende, um gut essen zu gehen (s. o., Restaurants). Außer leckeren Speisen bietet die freundliche und gut erhaltene Altstadt noch Palazzi und Kirchen aus dem 16. und 17. Jh. (Anfahrt 12 km).

Paola (C 5): Der Geburtsort von San Francesco di Paola (1416–1507), dem Stadtpatron und Beschützer Kalabriens und seiner Seeleute, ist eines der wichtigsten Pilgerzentren in Süditalien. Aus der von San Francesco gegründeten Kapelle wurde ein monumentaler Klosterkomplex mit Basilika und Bibliothek im Tal des Isca.

Bahnfahrt in die Sila: ab Stazione Centrale, 2 x tgl. Vergnügliche Berg- und Talfahrt mit der Calabro-Lucano durch die Landschaften der Sila bis San Giovanni in Fiore, einfache Fahrt ca. 2 Std. Der Zug hält nur auf Anfrage an den Stationen. Info in der Stazione Centrale/Ferrovie della Calabria.

Luzzi (D 5): Tipp für Kirchenliebhaber, da die Altstadt von Luzzi eine hohe Dichte an Gotteshäusern aufweist. Außerhalb liegt das ehemalige Zisterzienserkloster Abbazia della Sambucina.

Crotone (H 7)

Crotone (60 000 Einw.) sucht einen neuen Platz zwischen seiner glänzenden antiken Vergangenheit und den Jahrzehnten der Vernachlässigung. Das Kastell wird restauriert, und man spürt das Interesse am Tourismus, der die erlahmte Industrie ersetzen soll. Wie eine kleine Halbinsel wölbt sich Crotone ins Meer, dominiert vom Castello Carlo V. Man sieht der Stadt nicht an, dass sie zu den größten der Magna Graecia zählte. Berühmtester Einwohner war Pythagoras, der 532 nach Kroton kam und hier lehrte.

Highlight 5

Markt von Crotone:
Piazza Mercato, tgl. 8–14 Uhr.
Der Marktplatz liegt an der Schnittstelle zwischen Alt- und Neustadt, doch das geschäftige Treiben und Handeln auf der Piazza scheint seit Jahrhunderten unverändert. Der Markt ist nicht riesig, aber die Stände sind eng ge-

stellt, sodass es laut und lebhaft zugeht – der passende Rahmen für die mediterranen Waren Fisch, Gemüse und Obst. Groß ist die Auswahl an Oliven, eingelegten Gemüsen, *sardella* sowie kalabrischen Wurst- und Käsespezialitäten. Der ideale Ort für einen kalabrischen Brunch.

Sehenswert

Castello Carlo V: 9–13, 15–19 Uhr. Das Kastell bietet einen Rundblick über Crotone und das Meer. Es hat im 16. Jh. den Platz der alten griechischen Akropolis eingenommen.

Duomo: Der Dom unterhalb des Kastells ging im 16. Jh. aus dem Umbau einer schon 500 Jahre alten Kirche hervor. Dafür verwendet wurde das Material des Hera-Lacinia-Tempels bei Capo Colonna. In der rechten Seitenkapelle wird das Bild der Madonna di Capo Colonna, der Schutzpatronin Crotones, verwahrt.

… in Capo Colonna

Chiesa della Madonna di Capo Colonna: Tel. 09 62 23 00 59, 10–12, 16–19 (Kathedrale), Sa, So 10–12, 16–19 Uhr (Madonnenkapelle).

Museo Archeologico Nazionale: Via Risorgimento 120, Tel. 096 22 30 82, 9–19.30 Uhr, 1. und 3. Mo im Monat geschl., Eintritt 2 €, erm. 1 €.
Fundstücke zur Geschichte Krotons und der Schatz aus dem Hera-Lacinia-Tempel: Im gleichnamigen Saal gibt es Objekte aus Bronze, Gold und Silber.

Museo Civico: Castello Carlo V, Tel. 09 62 92 15 35, Di–Sa 9–13, 15–19, So 9–12.30 Uhr, Eintritt frei.
Die Entwicklung Kalabriens am Beispiel der Gegend von Crotone seit dem Mittelalter: Ritterliches, Bäuerliches, Herrschaftliches, Waffen, Kanonen und Keramik.

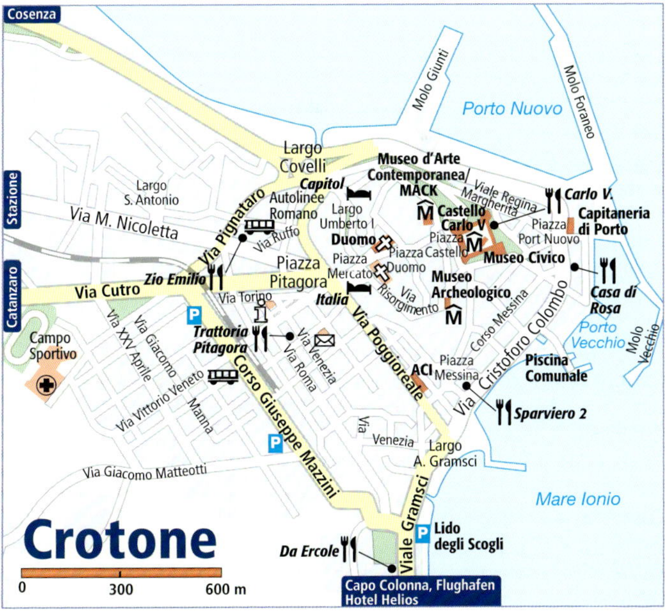

Herkules, der Feinschmecker

»Ich koche nicht für Sterne, sondern für meine Gäste«, war die Antwort von Ercole, als ihm ein Gourmetkritiker klarmachen wollte, dass der Küchenchef, hätte er seinen Speisesaal in Rom, schon mit zwei Michelins ausgezeichnet wäre. Die Abgelegenheit des Feinschmeckerlokals hat nur Vorteile: Der Preis ist vergleichsweise günstig und die Qualität der Gerichte noch nicht vom Massenpublikum kompromittiert. Tipp: *linguine ai ricci* – die Seeigelsauce von Ercole ist kaum zu überbieten (Da Ercole, Viale Gramsci 122, Tel. 09 62 90 14 25, im Winter Mi geschl., Menü ab 30 €).

Museo Arte Contemporanea/ MACK: Palazzo Baracco, Piazza Castello 20, Tel. 09 62 90 57 14, www.mackrotone.it, Mo–Fr 9.30–13, Sa u. So 10.30–12.30 Uhr, Eintritt frei. Das MACK ist ins Zentrum der Altstadt umgezogen und beherbergt eine sehenswerte Sammlung zeitgenössischer italienischer Kunst auf internationalem Niveau, darunter auch zahlreiche Künstler süditalienischer Herkunft. Auch wechselnde Ausstellungen.

Sport & Strände

Badestrände liegen südlich in Richtung Capo Colonna.
Maresport: Via per Capo Colonna, Tel. 09 62 90 05 97, 096 22 64 62. Jede Art von Wassersport.
Capitaneria del Porto: am Hafen, Tel. 096 22 07 21.
Das Hafenamt informiert auch über Wassersportmöglichkeiten.

Einkaufen

Marino: Via Nicoletta 3, Tel. 096 22 17 98, 8.30–13.30, 17–21 Uhr, So geschl.
Etwa 400 Weine aus allen italienischen Regionen und kalabrische Spezialitäten.
Gerardo Sacco: Via S. Paternostro, Tel. 096 22 06 61, www.gerardosacco.com. Juwelen mit einem Hauch von Orient.
Ragno: Piazza Mercato.
Fischkonserven wie die äußerst scharfe *sardella*.

Feste & Unterhaltung

Aurorafest: im Mai. Musik und Kultur.
Madonna di Capo Colonna: 3. So im Mai. Nächtliche Prozession von der Kathedrale nach Capo Colonna in Erinnerung an die Ikone der Madonna von Crotone, die nach türkischen Raubzügen wunderbarerweise unversehrt im Meer gefunden wurde.
Krotoniadi: Mai–Sept. Sommerfestival der Magna Graecia mit Kunst und Sport.

Assessorato al Turismo: Via M. Nicoletta 28, Tel. 09 62 95 25 51.
Ufficio Turismo: Via Risorgimento, Tel. 09 62 95 24 23, Service-Tel. 800 431 543, www.crotoneturismo.it.

Concordia: Piazza Vittoria 12, Tel. 096 22 39 10/1, www.hotelconcordiakr.com, DZ 70–90 €.
Hier wohnte schon Norman Douglas, einer der ersten Kalabrienreisenden aus dem kühlen Norden. Das älteste Hotel Crotones, das zwischenzeitlich auch mal Albergo Italia hieß, erinnert auch nach der Renovierung 2003 noch ein wenig an die Anfänge des Kalabrientourismus.
Capitol: Piazza Umberto I 61, Tel. 096 22 49 96, Fax 096 22 55 20, DZ 75 €.

Komfortables Hotel im Zentrum, in einem der alten Palazzi von der Wende zum 19. Jh.

Helios: Via per Capo Colonna, Tel. 09 62 90 12 91, www.helioshotels.it, ÜF 85–115 €.

Etwas ruhiger südlich der Stadt Richtung Capo Colonna liegt das angenehm freundliche und helle Villenhotel mit 42 Zimmern, Meerblick, Pool und eigenem Garten.

Agriturismo

Dattilo: Marina di Strongoli (H 6) Contrada Dattilo, Tel. 09 62 86 56 13, www.dattilo.it, ÜF 60–70 €.

Renoviertes Landgut mit einem ökologischen Winzerbetrieb, einer Kirche aus dem 17. Jh. Schwimmbad, Restaurant, Fahrradverleih, Ausflüge.

Camping

Alfier: Capo Colonna, Via Campione, Tel./Fax 09 62 93 40 47, www.alfiercamping.it, ganzjährig.

Terrassierte Anlage mit dichtem Baumbestand am Meer (Sandstrand und Felsen). Hoher Standard, Ambulanz und Babyräume, Reitkurse, Exkursionen.

Baia dei Greci: Capo Colonna, Tel./Fax 09 62 93 40 23, www.baiadeigreci.it (1. Juni bis 15. Sept.; außerhalb der Saison Tel. 09 62 93 42 37).

Gemütlicher Platz am Meer, sehr schattig, viele Sport- und Unterhaltungsmöglichkeiten.

Euro Camping: Capo Colonna, Tel. 09 62 93 40 34, 1. Juni–30. Sept. (außerhalb der Saison Tel. 096 22 58 17).

Am Meer (Felsen und Sandstrand), mittlere Baumdichte, Sport- und Unterhaltung, Exkursionen.

Trattoria Pitagora: Via Roma 56, Tel. 096 22 65 90, Mo, im Sommer So geschl., Menü 15–20 €.

Die kleine helle Trattoria hat eine Sommer- und eine Winterkarte, dazu stets ein Tagesgericht. Empfehlenswert die Vorspeisen und die *tagliolini allo Scoglio* mit Meeresfrüchten in Tomatensauce.

Zio Emilio: Via M. Nicoletta 79, Tel. 096 22 72 83, Mo außer im Sommer und 15.–30. Sept. geschl., Menü 20 €.

Einfache Trattoria mit klassisch kalabrischen (Fisch-)Gerichten in sehr natürlichem Ambiente.

Ristorante Carlo V: Via Piazza Castello 8, Tel. 09 62 90 58 30, Mo geschl., Menü 25 €.

Ein schlicht-feines Ambiente zwischen Terrakottaziegel-Wänden. Pizza und kalabrische Fisch- und Fleischgerichte. Schmackhaft die *covatelli alla Carlo V* mit hausgemachter frischer *salsiccia* und scharfer Tomatensauce.

Sparviero 2: Via Interna Marina 37–39, Tel. 096 22 50 09, Mo geschl., Menü ab 30 €.

Santa Severina

Santa Severina ist eines der ältesten und am besten erhaltenen Örtchen Kalabriens. Im berühmten Kastell bietet das Centro Documentazione e Studi sui Castelli e le Fortificazioni in Calabria eine Übersicht über die Wehrtürme an den Küsten Kalabriens und zeitgenössische Gebrauchsgegenstände (Piazza Vittorio Emanuele III 1, Tel. 096 25 10 69, Juni–Okt. 9.30–12.30 u. 15.30–20, Nov.–Mai 9–12 u. 15–19 Uhr, 5 €. Sehenswert sind auch der Dom, die Chiesa Santa Filomena und die Chiesa dell'Addolorata.

Ein Familienbetrieb, der sich in die Küche schauen lässt. Frischester Fisch ist garantiert, der freundliche Empfang ebenso.

Da Ercole: s. Tipp S. 64.

Casa di Rosa: Via C. Colombo 117, Tel. 096 22 19 46, So geschl., Menü ab 35 €.

Zwischen Molo Vecchio und Castello liegt das Haus von Rosa, die in ihrer Küche traditionelle Fischgerichte zubereitet. Gute *pesce spada all'aceto balsamico*.

Bahn: Verbindungen nach Taranto und Catanzaro Lido.

Bus: Busse in die Umgebung und innerhalb der Stadt ab Piazza Pitagora.

Ziele in der Umgebung

Monte Fuscaldo (G 7): Zum Spazierengehen und für kurze Tageswanderungen eignet sich das Naherholungsgebiet des Monte Fuscaldo mit Eichen- und Pinienwäldern.

Santa Severina (G 6): s. Tipp S. 65.

Diamante (B 4)

Zum Meer stürzende Bergketten der Catena Costiera, Felsbuchten, Kiesstrände, das vorgelagerte Inselchen Cirella und die namengebenden Zedern bilden die Kulisse der Costa dei Cedri. Diamante (5000 Einw.) ist wegen seiner *murales* bekannt, die überwiegend süditalienische Künstler seit 1981 auf die Häuserwände der Altstadtgassen gemalt haben. Während die Wandmalereien langsam verblassen, werden viele alte Häuser der 1638 gegründeten Stadt renoviert. Diamante gilt in Italien als Zentrum des Peperoncino-Anbaus (Tour 4, s. S. 114).

Sehenswert

Murales: Wandbilder sind im Centro Storico, in der Umgebung der Via Mazzini und in Cirella (B 3) in der Via Diaz zu sehen.

Cirella Vecchia (B 3): 1,5 km oberhalb von Cirella liegen die Reste von Cirella Vecchia, das Griechen aus dem antiken Sybaris gegründet hatten. Endgültig zerstört wurde der Borgo 1806 von der napoleonischen Flotte.

Highlight 6

Peperoncino-Museum:
in Maierà, Palazzo Ducale, Juni–Sept. tgl. 17–24, sonst Sa, So 10–13, 16–19 Uhr, 1 €.
Das Museo del Peperoncino liegt landschaftlich sehr schön über dem Valle dei Mulini in einem alten, herzöglichen Palast. Die umfangreiche Sammlung von 150 verschiedenen Peperoncini aus allen Kontinenten präsentiert bekannte, aber auch unbekannte Verwendungsmöglichkeiten – wie etwa die Verarbeitung in Badezusatz oder Reizgas.

Sport & Strände

Grobe, dunkle **Sand- und Kieselstrände** insbesondere nördlich des Lungomare, die fast nahtlos in den 4 km langen Strand von **Cirella** (B 3) mit dem gleichnamigen Inselchen übergehen. In **Belvedere Marittimo** (B 4) langer goldgelber Sandstrand. Schroff ins Meer abstürzende Bergausläufer bilden die felsige Kulisse für **Cittadella del Capo** (B 4) bei **Bonfiati** (südl. von Diamante) und **Cetraro Marina** (B 4).

Diving La Rosa dei Venti: Piazza 11 Febbraio 21, Tel. 09 85 87 67 89. Tauchgänge und -ausstattung.

Feste & Unterhaltung

Fest der Madonna Addolorata: 3. So im Mai. Mit Prozession auf dem Meer.

Festival del Peperoncino: Anfang Sept. Die Peperoncino-Akademie veranstaltet vier Tage lang ein feuriges Kulturfestival rund um die scharfen Früchtchen. Am Lungomare präsentieren Hersteller aus ganz Kalabrien kulinarische Kostbarkeiten, nicht nur aus Peperoncino. Höhepunkt des Festivals ist das Peperoncino-Wettessen. Die Rekordmarken liegen bei 560 bis 700 Gramm Peperoncino, die nur mit ein paar Tropfen Olivenöl und einem Stückchen Brot verzehrt werden dürfen.

Pro Loco: Via Gullo 1 (Sitz der Accademia del Peperoncino), Tel. 098 58 11 30, Info-Line 349 25 617 19, www.prolocodiamante.it.

Solemare: Loc. Cirella, SS 18, Tel./Fax 098 58 16 09, www.hotelsolemare.net/start.htm, März–Okt., ÜF 60–100 €.
Das kleine Haus mit 16 Zimmern ist umgeben von viel Grün und Olivenbäumen. Standardkomfort, Babysitting-Service, Privatstrand und das **Restaurant** Bellavista mit Aussicht auf das Inselchen Cirella.

Fattoria di Arieste: Loc. Ariste di Cirella, Tel. 01 13 49 03 50, www.fattoriadiarieste.it, Juni–Okt. und auf Anmeldung, DZ 60–70 €.
Direkt vor der Hoftür von Filippina Benvenutos sonnigem Landhaus und Agriturismo mit drei Zimmern liegen die Ruinen von Cirella Vecchia.

Riviera Bleu: Lungomare Riviera Bleu 3, Tel./Fax 098 58 13 63, Mai–Sept., www.hotelrivierableu.it, DZ 45–130 €.
Der alteingesessene Familienbetrieb gehörte zu den Tourismus-Pionieren an der Costa dei Cedri. Das komplett renovierte Haus mit schattigem mediterranen Garten und Privatstrand bietet sehr geräumige und komfortable Zimmer mit Balkon, **Restaurant** und einem aufmerksamen Service.

Camping

Il Fortino: Cirella, Via V. Veneto 254, Tel. 098 58 60 85, 098 58 60 51, www.ducalehotel.net, 1. April–30. Okt. Halbschattiger Platz im mediterranen Garten des Hotels Ducale Villa Ruggieri. Eigener Strand, sehr gute Wassersportmöglichkeiten.

La Guardiola: Lungomare Riviera Bleu, Tel. 09 85 87 67 59, Di geschl. (außer im Sommer), Menü 25 €.
Einfache Trattoria mit Veranda am Meer. Die Brüder Claudio und Pino Perrone sind Fischer und Spezialisten für Peperoncino-Gerichte wie Tintenfisch mit Peperoncino. Eine weitere lokale Leckerei ist der *stufato di alici al diamantese* (geschmorte Sardellen mit Peperoncino). Als Dessert Zederneis. Ihre Leidenschaft für die Fischerei teilen die Brüder auch mit ihren Gästen und bieten ihnen *pescaturismo* an: gemeinsam im Kutter zum Fischen rausfahren. Der Fang wird dann spätestens abends im Restaurant verspeist.

Sabbia D'oro: Belvedere Marittimo, Via Piano delle Donne, Tel. 098 58 84 56, Di geschl., Menü 20–30 €.

Meer, Fisch und Peperoncino heißt das kulinarische Dreiergespann in dem Restaurant am Strand. Zum Dessert die Hausspezialität *crostata del diavolo*, ein Kuchen mit Orangenmarmelade, Mandeln und Peperoncino-Konfitüre.
Caffè Ninì: Lungomare S. Lucia 42, Tel. 09 8 59 12 12, www.caffenini.com. Ninì ist der offizielle Barman der Accademia del Peperoncino. Aber er präsentiert nicht nur zur Festivalzeit und Peperoncino-Ernte seine delikate Eiskreation mit einer leicht prickelnden Chili-Note und Orangensauce oder den feurigen Aperitif namens *afro*. Vielmehr hält Ninì ganzjährig köstliche *tartufi* bereit, Halbgefrorenes, Cocktails, Kaffeespezialitäten und als Zugabe den Panoramablick aufs Meer.
Sapore Calabria: Lungomare, Tel. 09 85 87 78 40.
In der Außenstelle der Peperoncino-Akademie gibt es nur pikante Spezialitäten: vom scharfen Grappa zur Casanova-Schokolade, von der Peperoncino-Pasta bis zur Rosamarina.

Bahnhöfe: Diamante-Buonvicino und Cirella Maierà.
Züge auf der Strecke Paola–Salerno ca. 15 x tgl. über Guardia Piemontese Terme, Scalea, S. Nicola Arcella, Praia a Mare-Tortora.

Ziele in der Umgebung

Cirella-Insel (B 3): In der Saison von den Stränden aus per Fischerboot zu erreichen.
Guardia Piemontese (B 5): Der mittelalterliche Borgo erzählt die tragische Geschichte der Waldenser, die im Mittelalter vor der Inquisition aus dem Piemont nach Kalabrien geflohen waren und 1375 den Ort gründeten. Ihre Reformversuche wurden 1561 blutig niedergeschlagen, wovon noch die Porta del Sangue (Bluttor) zeugt. Obwohl von der Inquisition überwacht – mit von außen einsehbaren Türspionen kontrollierte sie das Einhalten der katholischen Gebete –, gelang es den Waldensern, ihre Sprache, ihre Gewohnheiten und ihre Traditionen zu bewahren. Ihnen ist das Museo della Civiltà Contadina gewidmet.
Liparische Inseln: Mini-Kreuzfahrten zu den Inseln bietet Foderaro Viaggi in Cetraro an (Tel. 098 29 12 19).

Gerace (D 12)

Das 500 m hoch in den nordöstlichen Ausläufern des Aspromonte ruhende Städtchen (3000 Einw.) bleibt selbst in der Saison noch relativ ruhig und überzeugt mit entspannter Atmosphäre. Es entstand wahrscheinlich im 10. Jh., als die Bewohner von Locri wegen der Überfälle der Türken in höher gelegenes Gebiet flüchteten. Der Legende nach soll ein Sperber den Flüchtenden den Ort der Neugründung gezeigt haben. Der alte Stadtkern wurde im Mittelalter auf einem Tuffhügel angelegt und ist sehr gut erhalten. Das heutige Locri am Meer wiederum entstand in der Neuzeit als Hafensiedlung von Gerace.

Highlight 7

Rundgang in Gerace Borgo: Zunächst bereitet die Piazza della Repubblica dem Besucher einen eher bodenständigen Empfang: Hier wohnen noch Bauern und Handwerker. Auf halbem Weg zum Borghetto etwas höher, gibt es die Möglichkeit, mit einem Bähnchen zum Kastell zu fahren, denn es geht, egal wohin, von hier aus sehr steil aufwärts. Oben in Gerace dann mittelalterliche Häuser, oft sehr schön saniert, Kirchen, immer wieder hübsche Torbögen, und da und dort eine Bar, ein Restaurant … Oder ein Laden, der die Keramik verkauft, die die Kunsthandwerker etwas weiter unten herstellen. Manche produzieren noch in ihren uralten, in Tuffhöhlen gehauenen Werkstätten. Über allem wird Gerace von Kathedrale und Kastell gekrönt.

Sehenswert

Cattedrale: 9.30–13, 15–19 Uhr, im Sommer auch abends, Okt.–April Mo geschl., Eintritt 1,50 €. Die Säulen der normannisch-romanischen Kirche stammen aus den antiken Tempeln von Locri. Das Innere der Kirche ähnelt dem einer Basilika; es war früher komplett mit Fresken ausgeschmückt. Die Krypta ist wahrscheinlich byzantinischen Ursprungs.

Piazza delle Tre Chiese: An der Piazza liegen drei Kirchen nebeneinander: In der byzantinischen **Chiesa di San Giovanello** (Besichtigung auf Anfrage, Tel. 09 64 35 68 88) werden wieder griechisch-orthodoxe Messen abgehalten. Die besonders am Seitenportal arabisch anmutende **Chiesa di San Francesco** (Besichtigung auf Anfrage,

Tel. 09 64 35 60 21) präsentiert einen üppigen Barockaltar mit polychromen Marmorintarsien. Dagegen kann die **Chiesa del Sacro Cuore** aus dem 19. Jh. nur einen bescheidenen Majolika-Fußboden vorzeigen.

Museo Diocesano e Tesoro della Cattedrale: Piazza Tribuna, in der Krypta, Tel. 09 64 35 63 23, Juni–Sept. Di–So 9–13, 15–18, Okt.–Mai 9–13, 15–20 Uhr, Eintritt 1,50 €. Die Kathedrale wurde im Jahr 1000 gebaut, die ältesten Objekte des Schatzes stammen aus dem Jahr 1200. Zu sehen sind viele Edelsteine, die Monstranz des Bischofs Pellicano, eine mit Brillanten besetzte Goldkrone als Votivgabe an die Madonna und ein Kreuz aus dem 12. Jh., das in Jerusalem angefertigt wurde.

Tupingimatangi: Via Migliaccio 1. Angelo Riccobene lebt in einer Mischung aus Wohnhaus, Kunsthandwerks-Atelier und Ausstellungsraum. Er ist ein Lebenskünstler, dem Experimentalvideos ebenso gelingen wie die Sanierung historischer Häuser.

Sport & Strände

Strände in der Umgebung von Locri.

Einkaufen

Condo: Via Martiri 13, Tel. 09 64 35 66 63. Kunstkeramik.

Feste & Unterhaltung

Roccella Jazz: im Aug. in Roccella Ionica (E 11).

Festa S. Antonio del Castello: 22./23. Aug. Die Danza del Cavaluccio ist der traditionelle Tanz zu diesem Fest.

Municipio: Piazza Tribuna 1, Tel. 09 64 35 60 01, www.comune.gerace.rc.it. Info-Stand in der Loc. Calvario.

Pro Loco: Tel. 09 64 35 60 03.

Info-Hotline: (zur Locride, dem Gebiet um Gerace) Tel. 09 64 35 66 77, www.altalocride.it.

B & B Giardino di Gerace: Via Fanfani 8, Tel./Fax 09 64 35 67 32, scaglioneanita@libero.it, DZ 60–80 €. Umgeben von einem großzügigen Garten mit Panoramablick liegt der B&B von Anita Scaglione im Zentrum von Gerace. Stilvolle Zimmer mit Gewölbedecken. Kalabresisches Frühstück.

Landschaft und Architektur im Einklang – Blick auf Gerace

La Casa di Gianna: Via Paolo Frascà 4, Tel. 09 64 35 50 24, Fax 09 64 35 50 81, www.lacasadigianna.it, ÜF 100–120 €.
Sehr stilvolles, neues Hotel in elegant renoviertem Palazzo mit acht Zimmern und zwei Suiten.
Günstige **Privatzimmer** vermittelt der Wirt im Lo Sparviero (s. u., Restaurants).

Lo Sparviero: Via Luigi Cadorna, Tel. 09 64 35 68 26, 15.–30. Okt. und im Winter Mo geschl., Menü 15–20 €.
Authentisch rustikales Ambiente und unverfälschte traditionelle Küche. Aus Pilzen, Gemüse und Fleisch zaubern Claudio und seine Frau das kulinarische Abbild von Gerace mit üppigen Vorspeisentellern und Zutaten nur aus eigener Herstellung.
La Terrazza: Via Nazionale, Tel. 09 64 35 67 39, Di geschl., Menü 25 €.
Nicht nur die Terrasse des Restaurants mit Fernblick ist der Grund, hierher zu kommen, auch das vielfältige Angebot: Klassische kalabrische Küche, aber auch Pizza bereitet Inhaber und Metzger Michele hier im Familienbetrieb zu.

Busverbindungen nach Locri, vom dortigen **Bahnhof** in die Orte an der Ionischen Küste.

Ziele in der Umgebung

Locri (D 12): Ausgrabungen/Archäologisches Nationalmuseum, Contrada Marasà, Tel. 09 64 39 00 23, Museum 9–19.30, Ausgrabungen 9 Uhr bis 1 Std. vor Sonnenuntergang, beide 1./3. Mo im Monat geschl., 2 €, erm. 1 €.
Die Spuren der einst größten Kolonie der Magna Graecia sind auf einem Ausgrabungsgelände von 230 ha zu besichtigen und im museumsdidaktisch aufgefrischten Nationalmuseum ausgestellt.

Isola di Capo Rizzuto & Le Castella (G 8, H 7)

Die sehr schönen Strände vom Capo Rizzuto (14 200 Inselbewohner) bis zum Capo Colonna haben in den vergangenen Jahren für einen deutlichen touristischen Aufschwung gesorgt (s. Tour 2, S. 110).

Highlight 8

Le Castella: Im Sommer wird besonders Le Castella zum Ballungsgebiet der Erholungssuchenden. Das Kastell ist das letzte der früher zahlreichen namengebenden Schutzbauten. Legenden behaupten, dass die Inselbevölkerung auf eine Schwester des trojanischen Königs Priamos zurückgeht, die hier das antike Phourios gegründet habe. Wahrscheinlicher ist aber eine Besiedlung durch Byzantiner. Das Kastell ist nur durch einen schmalen Weg mit dem Festland verbunden und bei schlechtem Wetter oft nicht zu erreichen (9–13 u. 15–20 Uhr, im Hochsommer durchgehend und bis ca. 24 Uhr, 1,50 €).

Sehenswert

Santuario della Madonna Greca: Isola di Capo Rizzuto, 9–12, 14.30–17 Uhr.
Der Ort ist stolz auf seine Bischofskirche, in der die Bewohner regelmäßig die Madonna Greca anbeten. Außerdem sind der Dom und die Ruinen der Stadtmauer architektonische Zeugnisse der Ortsgeschichte.
Museo Civico: Isola di Capo Rizzuto,

Palazzo Baracco, Tel. 0962 79 90 02, 17–20 Uhr, Mo geschl., Eintritt frei. Bäuerliche Kultur- und Sozialgeschichte, bemerkenswert die Olivenpresse aus dem 16. Jh.

Acquario: Isola di Capo Rizzuto, Piazza Santuario, 09 62 79 60 29, Juli–Sept. tgl. 11–13 u. 17–22, Okt.–Juni Mo–Sa 9–13 u. 14.30–17 Uhr, So 10–13 u. 15–18 Uhr, Eintritt 2,50 (erm. 2) €. (s. S. 110).

Sport & Strände

Die ganze Küste des Capo Rizzuto ist mit schönen, rotgoldenen **Sandstränden** gesegnet, auch Le Castella bietet links und rechts des Kastells feinsandige Abschnitte.

Tauchkurse: Centro Sub Le Castella, Via Darsena, Le Castella, Mobil 34 82 85 17 00, www.divinglecastella.it. Tauchgänge im Meerespark, Ausrüstung.

Pescaturismo: Die Fischer vom Ristorante La Scogliera (s. S. 74) bieten ihren Gästen Ausfahrten mit Fischfang und somit einen Einblick in den Fischeralltag an. Wieder an Land, wird der Fang für die »Pescatouristen« frisch zubereitet. Unterbringung in Restaurant-eigenen Fremdenzimmern möglich, Infos im Restaurant oder unter www.ristorantelascogliera.it, DZ inkl. Ausfahrt 50–60 €.

Bootsausflüge: Ostro, Corso Duomo, Tel. 09 62 79 56 32. Ausflüge mit dem Boot in das Meeresreservat, Halbtagesfahrten, Segelkurse und -bootsverleih.

Einkaufen

Besonders in **Le Castella** gibt es das für Urlaubsorte übliche Angebot von der deutschen Zeitung bis zu Bademoden.

Gusto dei Tempi Antichi: Le Castella, Via Duomo. Teresa Coniglio verkauft authentische Produkte aus kalabrischer Herstellung wie Olivenöl, eingelegtes Gemüse, Peperoncini usw.

Feste & Unterhaltung

Pilgerfest: 1. Mo im Mai und 5. Aug., am Santuario della Madonna Greca. Zur Erinnerung an das Wunder, durch das die Heilige im 12. Jh. für das Ende einer langen Dürreperiode sorgte.

Centro A. m. p. Riserva Naturale Marina »Capo Rizzato«: Le Castella, Piazza Uccialì, Tel. 09 62 79 56 23, 09 62 79 55 11, www.riservamarinacaporizzuto.it. Infos zum Meeresschutzgebiet und dort mögliche Aktivitäten (Tauchen, Bootsaufflüge).

Consorzio turistico Conca d'oro: Le Castella, via Duomo, Tel. 09 62 79 53 20, s. auch www.lecastella.info.

Isola di Capo Rizzuto Pensione i Campanacci: Via Faro, Tel. 09 62 79 92 14, www.icampanacci.it, DZ 40–75 €. Kleine Pension mit gutem Restaurant, zwei Suiten und 15 einfachen Zimmern mit Bad für Reisende ohne Scheu vor spartanischem Komfort.

Pensione Florida: Via Faro, Tel. 09 62 79 90 70, www.albergoflorida.it, DZ 60–100 €. Alternative zu Campanacci mit gleichem Standard, aber unterschiedlich großen Zimmern für bis zu sechs Personen.

Le Castella

L'Aragonese: am Kastell, Tel. 09 62 79 50 13, DZ 55–70 €. Früher eines der ersten Restaurants am Ort. Heute April bis Oktober auch ein Hotel mit acht einfachen Zimmern mit

Meerblick und Fischerfamilienatmosphäre.

Il Corsaro: Via Volandrino 1, Tel. 09 62 79 54 53/54, Fax 09 62 79 54 55, www.hotelilcorsaro.it, DZ 70–100 €.
Das Hotel mit 30 Zimmern, Baujahr 1982 bietet guten Übernachtungskomfort: Klimaanlage, ordentliche Betten in hübschen Zimmern; im Preis inbegriffen der Liegestuhl am Hotelstrand und großer Hotelpool. Mindestaufenthalt in der Hochsaison: 5 Tage. Auch als **Fischrestaurant** bekannt, wo man für ca. 25 € gut essen kann.

La Calabrese: Via Duomo 11, Tel. 09 62 79 56 06, Fax 09 62 79 52 72, www.hotellacalabrese.it, DZ 60 €.
Das vor einigen Jahren renovierte Hotel wird gerne von Italienern gewählt, um elegant Hochzeiten zu feiern. Gutes **Fischrestaurant,** auch **Pizzeria.** Nach einem Zimmer mit Balkon fragen.

Villa Aurora: Via Volandrino, Tel./Fax 09 62 79 51 37, www.hotelvillaaurora.it, ÜF 70–110, HP pro Pers. 55–85 €.
Sehr familiär geht es in der Villa von Aurora und Riccardo Muratgia zu. Man hat das Gefühl, bei der netten Familie zu Gast zu sein. 13 Zimmer mit Bad, schöner Hotelgarten. Ende Juli bis Ende Aug. nur Halb- und Vollpension.

Hotel Annibale: Via Duomo 35, Tel. 09 62 79 50 04, Fax 09 62 79 53 84, ÜF 65–90 €.
Gemütliches Haus, helle, geschmackvoll schlichte Zimmer mit Klimaanlage, Tennisplatz, Garten, 50 m bis zum Meer. Gilt auch als bestes **Restaurant** am Ort.

Camping

Auf Isola di Capo Rizzuto gibt es mehr als ein Dutzend Plätze. Für unsere Auswahl gilt: Jeder Platz liegt am Meer, bietet auch Bungalows an, viel Baumgrün und Schatten, Sportmöglichkeiten sowie eine medizinische Ambulanz.

L'Atollo: Loc. Marinella, Tel. 09 62 74 51 90, Fax 09 62 79 11 72, www.latollo.it,
15. Juni–20. Sept., außerhalb der Saison Tel. 09 84 99 29 15.

L'Oasi: Loc. Fratte, Tel. 09 62 79 16 28, Fax 09 62 79 57 84,
1. Juni–30. Sept., außerhalb der Saison Tel. 09 62 79 10 16.

In der Umgebung

Residence Cala Greca: Loc. Capo Piccolo, Tel. 09 62 79 90 90, www.calagreca.com.
Sehr luxuriöses Feriendorf mit Appartements. In der Taucherszene bekannt für Kurse und Exkursionen.

Villaggio Camping Pizzo Greco: Loc. Fratte Vecchie, Tel./Fax 09 62 79 22 49, www.pizzogreco.com.
Leicht esoterisch angehauchter Nudisten-Campingplatz mit berüchtigt wilder Vergangenheit in den 1970er-Jahren.

Costa Splendente: Le Castella, Via Duomo 48, Tel. 09 62 79 51 31, www.costasplendente.it,
1. Juni–30. Sept., außerhalb der Saison Tel. 09 62 79 50 70.
Nur 50 m vom Meer (Sandstrand und Felsen) entfernt, viele Bäume, Einkaufsmöglichkeiten, Boccia-Feld, Lokal. Angenehme, nicht überdrehte Atmosphäre.

Ristorante Annibale: s. o., Unterkunft.

Ristorante Il Corsaro: s. o., Unterkunft.

La Calabrese: s. o., Unterkunft.

Scogliera: Le Castella, Via Scogliera, Tel. 09 62 79 50 71, März–Okt., Mo geschl., Menü 25 €.
Den Fisch fangen die Mitarbeiter des Restaurants selbst, auch das Olivenöl stammt aus eigener Produktion. Ein klassisches Restaurant, das sich noch nicht auf Massenkundschaft eingestellt

hat und, natürlich, hauptsächlich Meerestiere zubereitet. Spezialität sind die Frikadellen aus *polipo*.

Bahn: Auf dem Bahnhof in Isola di Capo Rizzuto halten nur sehr selten Züge.
Bus: Verbindungen von Le Castella nach Crotone und Catanzaro und von Isola di Capo Rizzuto nach Catanzaro. Info bei der IAT.
Autovermietung: beim Consorzio turistico Conco d'oro, s. unter Info.

Ziele in der Umgebung

Riserva Naturale Marina di Capo Rizzuto (G 8–H 7):
www.riservamarinacaporizzuto.it
(s. Info S. 73 u. Tour 2, S. 110).
Exkursionen mit und ohne Badepausen mit Motorboot (auch mit Glasboden) verschiedener Größen oder Segeltörns im Meeresschutzgebiet bietet der Anbieter Ostro in Le Castella, Adresse s. auch S., Via Duomo, Tel. 0962 79 56 32, www.ostro.it, Halbtages-Mini-Kreuzfahrt ca. 22 €/Pers.

Morano Calabro (C 3)

Wie eine Kaskade aus Stein fließen die Häuser Moranos (5000 Einw.) den konischen Hügel hinab. Diese gleichmäßige Geometrie vor dem Hintergrund des Pollino-Massivs macht den Ort zu einem architektonischen Schmuckstück, das schon M. C. Escher faszinierte. Er hat ihn 1930 in einem Holzschnitt festgehalten. Heute ist Morano der ideale Ausgangsort, um die Berglandschaften des Pollino-Nationalparks zu entdecken.

Sehenswert

Collegiata di S. Maria Maddalena: Das barocke Meisterwerk – eines der prächtigsten der Region – mit der unübersehbaren, blau-gelben Majolikakuppel am Hauptplatz des Ortes ist ein heimliches Museum der Sakralkunst. Blickfang unter den Kunstwerken ist der bedeutende Flügelaltar aus dem Jahr 1477 von Bartolomeo Vivarini.
S. Bernardino da Siena: harmonischer Klosterkomplex aus dem 15. Jh., am westlichen Fuß der Altstadt. Imposant die klaren Formen des einschiffigen Innern der Klosterkirche mit der Holzdecke von 1538 und der Kanzel von 1611.
Il Nibbio, Centro Studi Naturalistici del Pollino: Vico II Annunziata, Tel. 098 13 07 45, www.ilnibbio.it, tgl. 9.30–13 u. 16–20.30, im Winter Di–So 10–13 u. 15–18 Uhr.
Eintritt 3 €, erm. 2 €.
Naturkundliches Zentrum, das die Flora und Fauna des Pollino-Parks in Dio-

Agriturismo im Pollino

Die Welt des Pollino ist Programm auf dem Agriturismo Locanda del Parco von Adriana Tamburini. Schmucke Zimmer mit traditionellen und antiken Möbeln, ein Garten mit Pool, Stellplätze für Zelte, ein Spielplatz, eine Seidenraupenzucht und die vielfältigen Produkte aus eigener Produktion (Wein, Olivenöl, Weizen, Lammfleisch, Schafskäse, Salami), die man im kleinen Restaurant verkostet (HP 50 € pro Pers.). Abgerundet wird der Pollino-Aufenthalt durch Reitausflüge, Trekking- und Bikingtouren (Contrada Mazzicanino, Tel./Fax 098 13 13 04, www.lalocandadelparco.it, HP pro Pers. 50–60 €, DZ 60–80 €).

ramen mit naturidentischer Geräuschkulisse darstellt. Ideal für Kinder.

Museo di Storia dell'Agricoltura e della Pastorizia: Via Tuffarello (Scuola Elementare), Mo–Sa 10–12 Uhr. Moranos Sozialgeschichte, die Rolle von Viehzucht, Landwirtschaft und Auswanderung.

Sport & Strände

Trekking/Reiten/Biking: Der Pollino-Nationalpark mit seinen Gipfeln über 2000 m, Flussläufen und Schluchten ist nicht nur eine Aufforderung zum Trekking. Geführte Touren auf Anmeldung beim Nationalpark (s. Tipp S. 75), der Bergführer Luigi Perrone etwa bietet neben Trekking- auch Skitouren und Ausflüge mit dem Geländewagen (Tel. 098 18 14 24, www.guidaparcopollino. it). Die Kooperative Lao Action Rafting in Scalea bietet ebenfalls Trekking, Biking und Rafting im Nationalpark (s. S. 117f.).

Empfehlenswerte und spektakuläre Touren mit markierten Wegen: Morano bis zum Monte Pollino, Länge 7 km, Höhenunterschied 1350 m, Dauer ca. 5 Std. (s. Tipp S. 75). Oberer Lao, von der Grotta del Romito bis zum Viadukt Italia, Dauer 3 Std., 161 Höhenmeter. Die Tour führt stellenweise durch Wasser! Trockenen Fußes geht es von Orsomarso am Argentino entlang durch eine intakte und zauberhafte Landschaft, Länge 3 km, Dauer 1 Std., 180 Höhenmeter.

Feste & Unterhaltung

San Bernardino da Siena: 19.–20. Mai. Morano feiert seinen Schutzpatron mit Prozession und Kostümumzug.

Kultursommer: Mitte Juli–Sept. Klassische Konzerte, Tanz, Theater, Rock und Kino unter freiem Himmel.

Blues Festival: überregional bekanntes Festival, Ende Juli und am zweiten Sonntag im Sept.

Pro Loco: Piazza Maddalena 7, Tel. 098 13 05 90, www.prolocomorano.it oder im Rathaus, Piazza Giovanni XXIII 6, Tel. 098 13 10 21.

Villa San Domenico: Via Sotto gli Olmi, Tel. 09 81 39 99 91, Fax 098 13 05 88, www.albergovillasandomenico.it, DZ 110 €.
Die herrschaftliche Auffahrt zeigt, wo's langgeht zum edel renovierten Adelspalazzo aus dem 16. Jh. Elegantes Wohnen in stilechten, teils antik möblierten Zimmern mit Panoramaterrasse und viel Komfort. Zum Haus gehört das gleichnamige renommierte **Restaurant,** das raffinierte kalabrische Küche anbietet.

La Cantina: Piazza Croce 21, Tel. 098 13 10 34, Mo geschl., Menü 15–20 €, Pizza ab 8 €.
Auf der Spitze der Altstadt liegt das sympathisch-rustikale Lokal mit großer Gartenterrasse. Hausgemachte Nudeln wie *fusilli* mit Lammragout oder *salsiccia,* Tagliatelle und Gnocchi. Für den *secondo* sind die *baccalà*-Gerichte oder Lamm sehr zu empfehlen. Freundlicher Service, abends auch Pizza.

Locanda del Parco: s. Tipp S. 75.

Bus: SAJ-Busse mindestens 2 x tgl. nach Castrovillari, Sibari, Cosenza und zurück.

Ziele in der Umgebung

Pollino: Zu den schönsten Zielen im Pollino-Gebiet zählen das Tal des Raganello, Cerchiara (beide S. 50) und Civita (s. S. 108), Papasidero (s. S. 81) und das Tal des Lao (s. S. 116). Sehenswert

Ansicht von Morano Calabro

Im Pollino-Nationalpark

sind auch die mittelalterlichen Borghi Laino (B 2) und Orsomarso (B 3) mit dem Flusstal des Argentino, das von einem Wanderweg gesäumt wird.

Nationalpark Pollino:
Parkverwaltung in Rotonda (C 2), Complesso S. Maria della Consolazione, Tel. 0973 669311, www.parcopollino.it.

Pizzo (C 9)

Oberhalb der kleinen sichelförmigen Bucht lehnt sich der alte Fischer-Borgo (8600 Einw.) auf dem Tuffsteinfelsen weit und steil ins Meer hinaus. Jahrhundertelang bestimmte der Thunfischfang den Lebensrhythmus von Pizzo (zu Deutsch ›Spitze‹). 1913 öffnete die erste kalabresische Thunfischfabrik ihre Tore im Norden des Ortes. Die Produkte des Traditionsbetriebes Callipo füllen seitdem längst nicht mehr nur die Regale der regionalen Lebensmittelläden. In Pizzos teils nur schulterbreiten Gassen lässt sich der Charme des Fischerdorfes noch aufspüren.

Sehenswert

Castello Aragonese: Friedrich von Aragon ließ das Kastell 1486 bauen. 1815 wurde dort Joachim Murat, Napoleons Schwager, den der französische Feldherr 1806 zum König von Neapel ernannt hatte, hingerichtet. Der Bourbonenkönig Ferdinand war 1815 auf seinen neapolitanischen Thron zurückgekehrt und verhängte das Todesurteil gegen den flüchtigen Murat. Kostenlose Salzrationen für ein Jahr waren der Preis, den die Bürger von Pizzo für Murats Gefangennahme erhielten.

Chiesa di Piedigrotta: SS 522, ausgeschildert, 9–13, 15–17.30, im Sommer nachmittags bis 19.30 Uhr. Der Legende nach sollen schiffbrüchige Seeleute aus Neapel im 17. Jh. zum Dank für ihre Rettung eine kleine Kirche für die Madonna von Pompei in Tuffstein errichtet haben. Die zahlreichen Heiligenfiguren stammen aus dem 19. Jh. Die Porträts von Fidel Castro und J. F. Kennedy sind jüngeren Datums …

Museo del Mare: Loc. Marinella, Via Prangi, Tel. 09 63 53 49 03, Im Sommer 9–12 u. 16–20 Uhr, im Winter auf Anfrage, Eintritt frei. Eine Privatinitiative richtete das kleine Meeresmuseum mit Geräten und Booten für den Fischfang und maritimen Fossilien ein.

Sport & Strände

Nördlich von Pizzo durchziehen flache, lange **Sandstrände** den Golf von S. Eufemia. Auf der Höhe von Curinga siedeln die Bewohner Curingas von Juni bis September in Strandbuden über und bieten den Touristen Service rund ums Baden.

Vibo Marina: für Segelsportler wichtiger Touristenhafen im Nachbarort.

Oasi del Lago di Angitola: Info-Tel. 096 82 95 48. Der WWF beaufsichtigt das naturgeschütze Feuchtgebiet, weil hier viele Vogelarten nisten.

Einkaufen

Articolo Casalinghi Lico Rocco: Via Prosperità 1. In der kleinen Zinkmeisterei gibt's handgefertigte, originelle Haushaltsartikel: niedliche Ölkännchen, Trichter, Siebe, Eimer und Mini-Grills.

Feste & Unterhaltung

Chiesa di Piedigrotta: 2. Juli, feierliche Messe in der Felsenkirche.

Pro Loco: Piazza della Repubblica 56, Tel. 09 63 53 13 10, www.pizzocalabro.it.

Casa Armonia: Via Armonia 9, Tel. 09 63 53 41 83, Fax 09 63 53 33 37, www.casaarmonia.com, DZ 45–80 €. Der Name ist in Franco Feroletos B&B Programm. Sein charmantes Appartement mit einem herrlichen Panorama im alten Ortskern von Pizzo verspricht einen harmonischen Aufenthalt zu sehr angenehmen Preisen.

Agrimare: Loc. Colamaio, Tel. 09 63 53 48 80, www.agrimare.it, Mai–Sept., DZ 40–80 €, HP pro Pers. 48–70 €. Komfort-Agriturismus mit 16 Zimmern im alten Landgut, unweit des Castello Aragonese inmitten der Macchia gelegen, biologischer Anbau, Reitausflüge im Angebot, eigener Zugang zum Strand.

La Casa Bianca (Janca): Loc. Marinella, Riviera Prangi, Tel. 09 63 26 43 64, Mo u. Nov.–Feb. geschl., DZ 80–140 €, HP pro Pers. 60–100 €, Menü 30 €. Aus einer alten *tonnara* (Thunfischfanganlage) wurde ein agrituristisches Gasthaus mit sechs sympathischen Zimmern (barrierefrei). Im **Restaurant** verwöhnt Rita Callipo ihre Gäste mit Fischgerichten und Rezepten auf der Basis frischer Zutaten aus eigenem biologischen Anbau (Menü 20 €).

Die meisten Urlauber kommen wegen der Eisspezialität *tartufo di pizzo* (Trüffel) in den Ort, der die größte Dichte an Eiscafés pro Einwohner in der gesamten Region aufweisen dürfte. Auf der Piazza della Repubblica drängt sich eine Gelateria neben der anderen und bietet das handgerollte, in Kakao gehüllte und mit Schokocreme gefüllte Eis an, z. B. in der **Gelateria del Castello.**

La Ruota: Piazza della Repubblica 36, Tel. 0963532427, Menü 25 €.
Im Ruota von Marcello Rocco dreht sich die Küche um Fischgerichte: Schwertfisch, Kalamari und die beliebten *surici* sind immer frisch. Abwechslungsreiche *primi,* hausgemachte Pasta, große Auswahl an Gemüse, abends Pizza. Gutes Preis-Leistungs-Verhältnis.

La Casa Bianca (Janca):
s. Unterkunft, S. 79.

In Curinga (D 8)

Antico Frantoio Oleario Bardari: Contrada Trunchi, Tel. 0968789037, Okt.–Mai Di geschl., Menü 20 €.
Mit Blick auf den Golf von Lamezia bietet die agrituristische Landtrattoria von Patrizia Bardari authentische und raffinierte Küche. Leichte *antipasti* aus Ricotta und Tomaten, hausgemachte Nudeln, Fleisch aus eigener Aufzucht.

Bus: Autolinee Genco Bruno mehrmals tgl. nach Vibo Valentia und Vibo Marina.

Zug: Bhf. Pizzo, mehrfach tgl. Regionalzüge der Linie Lamezia–Nicotera entlang der Costa degli Dei. Bhf. Vipo-Pizzo: in Vibo Marina. Stdl. Schnellzüge Lamezia-Reggio.

Ziele in der Umgebung

Francavilla Angitola, Museo dell' Emigrazione G. B Scalabrini (D 9): Palazzo Mannacio, Info-Tel. 3477617742, 9–12, 16–19, Juni–Aug. bis 20 Uhr, So geschl., Eintritt frei.
Der Ausflug in die Ortschaft 15 km nordöstlich von Pizzo ist eine Entdeckungsreise zu den oft tragischen Geschichten der kalabresischen Auswanderer. Zunächst vom Anthropologen Franco Vallone als Wanderaustellung konzipiert, haben die vielen privaten Zeugnisse der massenhaften Emigration seit 1860 nach Nuova Yorka oder Buonosairi im Museum einen festen Platz gefunden.

Vibo Valentia: Die Provinzhauptstadt befriedigt neben der Sehnsucht nach urbaner Lebendigkeit und Shoppingstraßen auch barocke Kirchenlust und archäologische Neugier. Tipp: Besuch im Museo Archeologico Statale. Zu den wichtigsten Funden der Sammlung im Normannen-Kastell gehören die Zeugnisse des Kore-Persephone-Kults um die griechische Fruchtbarkeitsgöttin sowie die *laminetta aurea,* eine beschriftete Goldfolie, die als Grabbeigabe diente, Tel. 096 343350, tgl. 9–19 Uhr, Eintritt 2 €.

Praia a Mare (A 2)

Neben den langen Sandstränden ist das Inselchen Isola di Dino das Erkennungszeichen des modernen Badeortes (6300 Einw.), der sich in der Hauptsaison in eine touristische Hochburg verwandelt. Einen angenehmen Ausgleich zum ästhetisch eher langweiligen Lungomare bietet im Ortskern die schattige Allee Viale della Libertà mit ihren Straßencafés und Geschäften. Wer in Praia Station macht, kann die günstige Lage für Touren in die Bergdörfer und Landschaften des Pollino nutzen.

Sehenswert

Santuario della Madonna della Grotta: Praias prähistorische Seite zeigt sich in der Höhlenkirche westlich des Ortes hinter den Bahngleisen, die auch Wallfahrtsziel ist. Funde aus der Steinzeit zeugen von der frühen Besiedlung der Umgebung. Die Holzmadonna in der Grotte soll aus dem 14. Jh. stammen.

Sport & Strände

Lang gezogene **Sandstrände,** azurblaues Wasser und in Schwimmweite die Insel Dino.

Rafting auf dem Lao, s. S. 116.

Tauchen: Die Grotten der Isola di Dino sind interessante Tauchgründe, aber natürlich auch mit dem Boot gut zu erkunden. Besonders reizvoll ist die Grotta Azzurra.

Feste & Unterhaltung

Madonna della Grotta: 13.–18. Aug. Die Madonna wird von Einwohnern und euphorischen Pilgern mit Prozession und Jahrmarkt gefeiert.

IAT: Via A. Vespucci, Tel. 098 57 25 85.

Branca: Viale della Libertà 58–60, Tel. 098 57 22 20, Fax 098 57 21 37, www.hotelbranca.it, April–Okt., DZ 60 €.
Außen schnörkelloser Neubau, innen sympathisches kleines Haus im Zentrum mit modernen hellen Zimmern. Familiäre Atmosphäre.

Brutium: In Tortora, Contrada Sarre 5, Tel. 098 57 50 98, www.hotelbrutium.it, Juni–Okt. und nach Anmeldung, DZ 80–100 €, HP pro Pers. 50–80 €.
Die kosmopolitische Chefin Rosanna führt zusammen mit ihrer Familie das einfache Haus mit zehn Zimmern, Garten und Pool. Sehr persönlicher und engagierter Service, empfehlenswert ist auch die gute **Küche.**

Le due Laterne: in Aieta, Via Cantogrande 7, Tel. 098 57 10 96, www.leduelanterne.it, Menü 20 €.
Das **Hotel-Restaurant** in dem charmanten Bergörtchen nur wenige Kilometer von Praia entfernt, ist als gute Adresse für lokale Spezialitäten bekannt. Außerdem bietet es zwölf nette Zimmer im alten Palazzo (DZ 40–80 €).

Bus: Preite-Busse nach Cosenza mehrmals tgl.

Zug: Bahnhöfe Praia a Mare-Tortora, Scalea-S. Domenica Talao, **Regionalzüge** der Küstenlinie ca. 15 x tgl., auch **Fernzüge** der Nord-Süd-Strecke, **Schnellzüge** in Paola.

Ziele in der Umgebung

Papasidero (B 2): Die byzantinischen Ursprünge des kleinen Borgo am Lao, der von ferne aussieht wie ein kühnes Meisterwerk moderner Landschaftskunst, hinterließen ihre Spuren in der Kirche San Costantino und der Kapelle Santa Sofia bei den Ruinen des Kastells. Vom Ort führt ein Spazierweg hinunter in die Schlucht des Lao (ca. 200 Höhenmeter), wo die Wallfahrtskirche Santa Maria di Costantinopoli steht.

Grotta del Romito (B 2): Straße Papasidero–Montagna, in Avena Bivio ausgeschildert, Mai–Sept. 9–13, 16–20, Okt.–April 9–17 Uhr, Eintritt mit Führung 3 €.
In der Grotta del Romito verbirgt sich eines der wichtigsten Zeugnisse prähistorischer Kunst in Italien. 12 800 v. Chr. wurde das Stier-Graffito in den Felsen geritzt, noch heute berührt es den Betrachter (Kopie, Original im Nationalmuseum von Reggio). Nebenan im **Ausflugslokal Grotta del Romito** (Tel. 098 18 31 38) gute Pollino-

Scaleas schmucke Altstadt

Wer in Scalea (A 3) die Küstenstraße entlang fährt, ahnt kaum, dass sich hinter eintönigen Hotelanlagen aus den Zeiten des Baubooms eine kleine, anmutige Altstadt verbirgt. Enge Treppenläufe (*scale*, daher der Name Scalea) und schmale Gassen winden sich zwischen den alten Kirchen und Palazzi den Hügel hinauf. Im 6. Jh. v. Chr. gründeten Griechen aus Sybaris am Capo Scalea das antike Laos (archäologische Zeugnisse im Antiquarium, Torre Cimalonga). Sehenswert sind die Ruinen des normannischen Kastells und die byzantinischen Fresken in der kleinen, von außen blassen Chiesetta dello Spedale aus dem 9. Jh. Der Spaziergang kann mit einem Essen im Restaurant Tarì ausklingen. Aus den typischen Zutaten der regionalen Küche kreieren Jenì und Mimmo Sassone delikate, unkomplizierte Gerichte. Im Sommer dominieren Fisch und Meeresfrüchte die Speisekarte – unbedingt die Ravioli mit Tintenfischfüllung probieren! Im Winter sind es Gerichte aus Zicklein und Wildschwein. Die Desserts stammen aus der hauseigenen Konditorei (auch Tea-Room, Salatbar und Pizzeria, Piazza M. De Palma 8–10, Tel. 098 59 17 77, Mi geschl., Menü 25–30 €).

Küche. Vom Restaurant aus führt ein Wanderweg zurück nach Papasidero.

9

Highlight

Reggio di Calabria (A 13)

Die Stadt (180 000 Einw.) mit dem düsteren Ruf hat ein helles und freundliches Gesicht, zumindest, sobald man dort angekommen ist (s. Tour 3, S. 112). Der Hinweg führt an nie fertig gestellten und dennoch bewohnten Betonkonstruktionen der Peripherie vorbei, die zu den deprimierendsten in Süditalien gehören. Im Zentrum von Reggio aber lässt einen der wunderschöne, sanft geschwungene Lungomare wieder aufatmen. Von hier kann der Blick über das Meer bis nach Sizilien schweifen. Der Lungomare mit den pastellfarbenen Jugendstilhäusern wirkt wie eine Grenze zum Stadtleben, das sich auf dem dahinter liegenden Corso Garibaldi abspielt. Die meisten Gebäude von Reggio sind kaum hundert Jahre alt, denn nach dem großen Erdbeben von 1908 musste die Stadt fast vollständig neu aufgebaut werden. Von den Zeugnissen der langen Geschichte Reggios, das im 8. Jh. v. Chr. als griechisches *rhegio* entstanden war, blieb nicht viel übrig.

Sehenswert

Lungomare Matteotti: Den Titel ›Schönster Kilometer Italiens‹ bekam die Meerespromenade vom Schriftsteller Gabriele d'Annunzio zu Recht. Palmen, Magnolien und exotische Pflanzen wachsen wie in einem botanischen Garten zwischen Ufer, Straße und den Jugendstilbauten, die das helle Ambiente zur Stadt hin abschließen. Am nördlichen Ende liegt das berühmte Nationalmuseum, in der Mitte sind Reste der griechischen Stadtmauer und römischer Thermen zu sehen, am südlichen Ende liegt die kleine Villa Comunale, der Stadtpark.

Duomo: Im neoromanischen Stil Anfang des 20. Jh. nach dem Erdbeben wieder aufgebaut. Die Statuen rechts und links der Freitreppe stellen die beiden Heiligen Paolo und Stefano dar. Geschaffen hat sie Francesco Jerace, wie auch die Marmorkanzel im Inneren.

Via Fata Morgana: Hier sieht man manchmal jene Fata Morgana, die das 3,5 km entfernte Sizilien ganz nahe rücken lässt.

Museo Archeologico Nazionale:
Piazza De Nava 26,
www.museonazionalerc.it,
Di–So 9–19 Uhr, 4, erm. 2 €.
Kein Zweifel: Die Bronzi di Riace, die beiden nackten Zwei-Meter-Männer im Untergeschoss, sind für viele der Hauptgrund, herzukommen. Vor über 30 Jahren an der Küste von Riace gefunden, stehen sie heute in der klimatisierten Abteilung für Unterwasserarchäologie. Nicht minder imposant sind die Abteilungen mit Objekten aus der Zeit der griechischen Kolonisierung Kalabriens bis zu Gemälden des kalabrischen Malers Mattia Preti.

Museo dell'Artigianato tessile della Seta, Costume e Moda Calabrese: Via Re Ruggero 9,
Tel. 096 52 31 29, 9–12 u. 15–18 Uhr,
Sa nachmitt. u. So geschlossen, 2 €.
Geschichte, Gegenwart und Herstellung der traditionellen Trachten.

Museo dello Strumento Musicale: Via Pineta Zerbi,
Tel. 09 65 89 32 33, www.mustrumu.it,
Mo–Fr 10–12 Uhr, 2,50 €.
Ein privates Museum, in dem 800 Instrumente aus aller Welt ausgestellt werden. Besonderes Augenmerk gilt dem traditionellen Tanz Tarantella Calabrese.

Museo di San Paolo: Rione Reggio Campi, Vico Sorgonà 4a, Tel.
09 65 89 24 26, Mi, Sa, So 9.30–12 Uhr und nach Absprache, Eintritt frei.
170 Ikonen aus Russland und den Balkanländern vom 15. Jh. bis heute, außerdem Gemälde wie der »Gonfalone« von Antonio da Messina aus der Mitte des 15. Jh. Zusätzlich Elfenbein, Skulpturen und Silberobjekte aus fünf Jahrhunderten.

Sport & Strände

An der **Spiaggia di Cannitello** (A 12, auf der SS 18, 10 km nach Norden) trifft sich die Stadtbevölkerung, doch in der Nebensaison ist hier ein entspannender Strandtag möglich. Von Reggio in Richtung Südosten gibt es unzählige, meist sandige Strände an der SS 106: nach 15 km bei **Capo dell' Armi** (A 14), nach 45 km die **Spiaggia di Annà.**

Capitaneria di Porto: am Hafen, Tel. 09 65 65 61 11. Hafenamt.
Ranch Pegasus: Via Arangea, Tel. 09 65 68 28 56. Reiten.
Club Alpino Italiano: Via San Francesco di Pàola 106, Tel. 09 65 89 82 95. Wanderungen.
Naturaliter: Viale A. Moro 23, Mobil 328 909 42 09 (s. S. 86). Wanderungen und Exkursionen.
Gruppo Escursionisti Aspromonte: Via Castello 2, Tel. 09 65 33 28 22. Wanderungen und Exkursionen.

Einkaufen

Le Rose Al Bicchiere:
Via Demetrio Tripepi,
Tel. 096 52 29 56,
11–15, 19.30–24 Uhr, So geschl.
Weinkeller und Önothek mit über 300 Weinen aus Italien und kleinen kalabrischen Snacks.

Libreria Paoline:
Via T. Campanella 65, Mo vorm. geschl. Gut sortierte Buchhandlung, die auch deutsche Titel führt.

Bergamotteria:
Via del Torrione 69b, Tel. 096 52 08 00, www.bergamotteria.it.
Parfum, Likör, Torrone, Tee, Putzmittel und vieles mehr, alles aus der natürlichen oder auch künstlichen Essenz der Bergamotte.

Fiori di Calabria:
Via Osanna 3, Tel. 09 65 89 24 73.
Badezusätze, Seifen aus Jasmin oder Bergamotte, Parfums und andere duftende Produkte vom einzigen Parfumeur, der an der Jasminküste übrig geblieben ist.

Ausgehen

Gelateria Cesare:
Piazza Indipendenza, Di geschl.

Köstliches (Bergamotten-)Eis als Gaumenfreude nach der trockenen Luft im Nationalmuseum.

Disco: nächtliche Sommer-Disco am Lido Porto Catene, Lungomare di Catona, Tel. 09 65 30 23 56.

Internetcafé: Sweet@web, Via Giudecca 35, Tel. 096 52 11 34, Mo–Sa 9–13, 15–20.30 Uhr. Sechs schnelle Anschlüsse mit Snackbar und Datenservice.

Feste & Unterhaltung

Estate Reggina: Kino, Theater, Musik und Folklore im Juli und Aug.

Madonna della Consolazione: 12.–15. Sept. Religiöse Feste, Folklore, Musik und kirchliches Kunsthandwerk.

IAT Büros: am Flughafen, Tel. 09 65 64 32 91; Corso Garibaldi 329, Tel. 09 65 89 20 12; Piazza Garibaldi (Bahnhof, Stazione Centrale FS), Tel. 096 52 71 20, www.turismorc.it.

Lungomare: Via Genovese Zerbi 13, Tel. 096 52 04 86, Fax 096 52 93 61, www.hotellungomare.rc.it, DZ 110 €. Auch das neue Hotel in zentraler Lage, wenige Schritte vom Archäologischen Museem entfernt, ist nicht viel billiger als die Konkurrenz vor Ort. Pluspunkt: Im Sommer gibt's das Frühstücksbüffet auf der Dachterrasse. 32 Zimmer im renovierten Palazzo.

Palace Masonari's: Via Veneto 95, Tel. 096 52 64 33, Fax 096 52 64 36, www.montesanohotels.it, DZ 120 €. Die günstigere Nachbarfiliale des Excelsior, unter gleicher Leitung und mit etwas besserem Preis-Leistungs-Verhältnis.

Miramare: Via Fata Morgana 1, Tel. 09 65 81 24 44, Fax 09 65 81 24 50, www.reggiocalabriahotels.it, DZ 200 €. Klassisch konservativ im renovierten Prachtpalazzo von 1929 mit Restaurant und Dachterrasse. Charakter-Hotel der Oberklasse.

Grand Hotel Excelsior: Via Veneto 66, Tel. 09 65 81 22 11, Fax 09 65 89 30 84, DZ 210 €. Gegenüber dem Nationalmuseum gelegenes Neubau-Hotel, aller Komfort und feinste internationale und regionale Küche im **Dachgartenrestaurant** Gala.

Camping

Stella Marina: Melito di Porto Salvo (B 14), Lungomare dei Mille 132, Tel./Fax 09 65 78 70 01, ganzjährig. Komfortabler Platz mit mittlerem Baumbestand und vielen Sport- und Unterhaltungsmöglichkeiten.

Der Dom von Reggio di Calabria

Agriturismo Il Bergamotto im Aspromonte

In den 1990er-Jahren erweckte Ugo Sergi mit seinem Landgut in Condofuri die Tradition der Bergamotten-Produktion am Ionischen Meer zu neuem Leben. Auf natürliche Weise gewinnt er seitdem aus der Bergamotten-Schale das wertvolle ätherische Öl. Und hat Erfolg: Ein Dutzend Produzenten liefern jährlich 1000 bis 3000 kg Essenz an internationale Abnehmer, darunter das Unternehmen Body Shop in London.

Die alten Wirtschaftsräume des Landguts dienen heute als Gästezimmer (DZ 46–48, HP pro Pers. 32 €). Der Agriturismo ist ein idealer Ausgangspunkt zur Erkundung der griechischen Dörfer und des Aspromonte. Es werden auch Trekkingtouren angeboten, die der Reiseroute von Edward Lear folgen (Agriturismo Il Bergamotto, Contrada Amendolea, Condofuri, B 13, Tel. 09 65 72 72 13 oder 34 76 01 23 38, www.naturaliterweb.it). Infos zum Trekkingprogramm der Kooperative Naturaliter bei Ugo Sergio oder Pasquale Valle, pavalle@tin.it.

... außerhalb

Il Bergamotto: s. o., Tipp.

Cooperativa San Leo: Bova (C 13), Tel. 34 73 04 67 99.
Vermittelt Privatunterkünfte in den ›griechischen‹ Dörfern.

Trattoria da Romeo: Via Lemos 10, Menü 15 €.
In der winzigen Trattoria kocht die Mama seit mehr als drei Jahrzehnten die leckeren Gerichte selbst.

Bracieria/Buona Calabria: Via Demetrio Tripepi 81–83, Tel. 096 52 93 61, Menü 20–25 €.
Pietro Amore und eine Kooperative von Sozialarbeitern mit Liebe zur Gastronomie betreiben das leicht rustikal eingerichtete Lokal in der Altstadt. Auf der Karte steht auch Fisch, der Akzent liegt aber auf Fleisch und frisch hergestellter Pasta. Beim Bestellen Platz lassen für die empfehlenswerten Desserts, z. B. hausgemachte Bergamotten-Torte mit einem Gläschen Bergamino-Likör dazu.

Bonaccorso: Via Bixio 5, Tel. 09 65 89 60 48, Fr und im Aug. geschl., Menü 30 €.
Traditionelle kalabrische Küche, Fisch und Fleisch, fantasievoll variiert. Drei Säle, einer für Nichtraucher.

Baylik: Via Leone 1, Tel. 096 54 86 24, www.baylik.it, Do und im Aug. geschl., Menü 30–35 €.
Schwertfisch mit Zucchiniblüten ist die Spezialität des modern eingerichteten Traditionslokals am Hafen, dessen Name das arabische Wort für Fisch ist. Für Kenner sind die rohen Fischdelikatessen ein absolutes Highlight.

... außerhalb

Ristorante Agorà: Condofuri Marina, Piazza Stazione 20, Mo geschl., Menü 15–20 €.
Sehr gute Adresse für frische Fischgerichte.

Kalura: Catona (A 12), Tel. 09 65 30 14 53, April–Okt. und Di geschl., Menü 35 €.
Strandrestaurant mit 300 Plätzen und Blick auf Messina und die Meerenge. Traditionelle kalabrische (Fisch-)Gerichte variiert, z. B. Schwertfisch auf Rucola.

La Baita: Bocale (A 13), Via P. Renosto 4, Tel. 09 65 67 60 17, Di, Jan. und Okt. geschl., Menü 35–40 €.

Ebenso elegantes wie rustikales Fischrestaurant mit Veranda zum Meer; verfeinerte traditionelle Rezepte, aber auch Fischklassiker im Salzmantel.

Bahn: Hauptbahnhof Reggio di Calabria Centrale, Tel. 09 65 89 81 25.
Mehrmals tgl. nach Catania, Siracusa, Taormina und nach Bologna, Florenz, Mailand, Neapel, Rom, Turin; vom Bahnhof Reggio di Calabria Lido stdl. nach Lamezia, Messina, Paola, Rosarno, Vibo Valentia-Pizzo, Villa San Giovanni sowie an die Ionische Küste nach Catanzaro Lido, mehrmals tgl. nach Bari, Catanzaro, Cosenza, Crotone, Locri, Sibari, Taranto.
Bus: Autolinee Federico, Tel. 09 65 59 02 12.
Tgl. vom Hafen und vom Bahnhof nach Locri, Monasterace, Rocella Ionica und Stilo.
A.M.A.: Numero verde (kostenlos) 800 43 33 10.
Flugzeug: Flughafen Aeroporto dello Stretto, Via Provinciale Ravagnese 11, Tel. 899 28 28 29, www.sogas.it.
Flughafen-Shuttle mehrmals stdl. in die Stadt (Nationalmuseum, Bahnhof): A.M.A., Tel. 09 65 62 01 21.
Fähren: alle 15–20 Min. Fähren und Tragflächenboote nach Messina. Vom Bahnhof Villa San Giovanni 1–2 x stdl. Passagen nach Messina, Infos im Bahnhof.
Traghetti Meridiano Lines:
Tel. 09 65 81 04 14, www.meridianolines.it, pro Pers. 2 €, Auto 8 €, Motorrad 3 €. Vom Hafen Reggio, Stazione Lido, nach Messina, Mo–Fr stdl., Sa 2-stdl., So 2 x tgl.
SNAV: im Sommer vom Hafen Reggio, Stazione Lido, mehrmals tgl. Ausflüge zu den Liparischen Inseln, Tel. 096 52 95 68.
Mietwagen: Hertz, Aeroporto dello Stretto, Tel. 09 65 64 30 93; Maggiore, Via Aeroporto Civile, Tel. 09 65 64 31 48, Fax 09 65 63 60 71; Europcar, Via Aeroporto Civile, Tel./Fax 09 65 64 54 22.

Ziele in der Umgebung

Isole Eolie: Tagesfahrt auf die Liparischen Inseln im 30-m-Motorschiff mit Sonnendeck, 7–21 Uhr, SNC, Tel. 09 65 81 07 24, Banchina di Levante (im Hafen), 25–50 €.

Rossano (E 4)

Als einzige Stadt Kalabriens blieb Rossano (35 800 Einw.) auf den nördlichen Ausläufern der Sila von der Invasion der arabischen Sarazenen verschont. Für 500 Jahre war es zwischen 540 und 1059 n. Chr. eines der wichtigsten Zentren byzantinischer Kultur in Süditalien, die hier wie an keinem anderen Ort der Region erhalten blieb. Seine Bauwerke und Kunstschätze der zahlreichen Basilianer-Klöster brachten Rossano den Beinamen ›Ravenna des Südens‹ ein. Einen modernen Kontrast zur mittelalterlichen Schönheit von Rossano Paese, die von der zum Meer abfallenden Landschaft mit ihren ausgedehnten Olivenhainen noch betont wird, bildet Rossano Scalo. Der neue Stadtteil entstand im 19. Jh. rund um den Bahnhof.

Sehenswert

Kathedrale SS. Archiropita:
Piazza Duomo.
Der dreischiffige Bau mit Kassettendecke stammt ursprünglich aus dem 6./7. Jh.; ihr heutiges Aussehen erhielt die Hauptattraktion Rossanos im 17. Jh. An einem Pfeiler im Mittelschiff

wird eine byzantinische Ikone verehrt, die Madonna Archiropita (gr. *archeiropoietos*, ›nicht von Menschenhand erschaffen‹, vermutlich 8. Jh.).

Panaghia: Via XX Settembre.
In der kleinen Basilika aus dem 12. Jh. mit dem typisch byzantinischen Mauerwerk ist das Fresko des hl. Johannes Chrysostomos sehenswert.

San Marco: Corso Garibaldi.
Die byzantinische Kirche aus dem 10./11. Jh. mit fünf kleinen Kuppeln und drei Apsiden ist eine Ernst zu nehmende Rivalin der Cattolica di Stilo (s. S. 99). Die Fresken im Innern sind mit Ausnahme der Maria mit Jesuskind verblasst.

Museo Diocesano d'Arte Sacra:
Piazza Duomo, Tel. 09 83 52 52 63, Juli–Mitte Sept. tgl. 9–13, 16.30 bis 20.30, Mitte Sept.–Juni Di–Sa 9.30–12.30, 16–19, So 10–12, 16.30–18.30 Uhr, Eintritt 3,10 €, mit Führung 4,30 €, Kombiticket mit Stadtrundgang 5,30 €.

Museum für Lakritzfans

Die traditionsreiche Lakritzfabrik Amarelli hat der süßen Wurzel 2001 ein Museum im Familien-Palazzo aus dem 15. Jh. errichtet: die Geschichte der Lakritze zum Anfassen, Lesen, Hören – und natürlich Schmecken (Museo della Liquirizia Giorgio Amarelli, SS 106 Contrada Amarelli, Rossano Scalo, Tel. 09 83 51 12 19, www.museodellaliquirizia.it, Führungen nach Anmeldung, tgl. 9.30–12 u. 15–17 Uhr. Bei den Vormittagsterminen außer Sa und im Aug. mit Fabrikbesuch).

Der Schatz des 2000 renovierten Museums im alten Bischofssitz ist der Codex Purpureus aus purpurrotem Pergament mit Silberschrift und zahlreichen Miniaturen. Es wurde wahrscheinlich im 6. Jh. in Palästina kopiert. Von ursprünglich knapp 400 Seiten der Evangelienhandschrift sind 188 erhalten (bei der Führung wird eine Kopie des Codex gezeigt).

Sport & Strände

Lido Sant'Angelo: sanft abfallender Sandstrand.

Acquapark Odissea 2000:
Loc. Zolfara, Tel. 09 83 56 93 23, gestaffelte Preise 8–16 €.
Hightech-Spaß im großen Vergnügungsbad. Restaurant und Bars, abends Unterhaltung. Gleich nebenan die Open-air-Disco Le Sirene.

Trekking Rossano:
Piazza De Gaspari, Tel. 09 83 51 29 02, www.trekkingrossano.it.
Schöne Touren und Ausflüge in die Umgebung, z. B. nach Santa Maria del Patire und zu den Riesenkastanien des Cozzo di Pesco.

Einkaufen

Amarelli: s. Tipp.
Seit 1731 gibt es diesen Lakritz-Direktverkauf im Familienbetrieb. Italiens beste Lakritze in allen möglichen Sorten. Für Puristen gibt es das Süßholz auch unbearbeitet.

Marcello Sapia:
Via T. Mandatoriccio 37.
Regionale Liköre aus Lakritze, wildem Fenchel, Limetten, Zitronen, Klementinen und Lorbeer.

Ausgehen

Rossanos Nachtleben beschränkt sich auf die **Strandpromenade Lido S. Angelo:** Man flaniert entlang der Bars

Zentrum der Kommunikation

und Restaurants. Im Sommer Kulturprogramm (Konzerte und Theater).

Ufficio IAT: Piazza Matteotti, Tel. 09 83 52 09 08; Lido di Sant'Angelo, abends in der Saison, www.prolocorossano.it.
Cooperativa Neilos: Piazza Duomo 25, Tel./Fax 09 83 52 52 63, neilos@tiscalinet.it. Führungen im Museo Diocesano, Besichtigungen im Ort, Ausflüge in die Umgebung – wahlweise auf Italienisch oder Englisch.

Amendoleto (Mandorleto): Loc. Amendoleto, Tel. 09 83 56 50 15, Fax 09 83 51 58 23, Wochenmietpreis etwa 250–300 €.

Der Agriturismo vermietet drei Appartements im Landhausstil mit antiken Möbeln. Eigener Gemüseanbau, Führungen in die Nationalparks Pollino und in der Sila.

Cozzo di Simari: Loc. Crocicchia (Madonna delle Grazie, E 4), Tel. 09 83 52 08 96, www.cozzodisimari.it, HP pro Pers. 52 €.
Ein Agriturismo in Terrassenlage, komfortabel im Haupthaus und in den rustikalen Gästehäusern mit vier Zimmern und zwei Appartements. Herrliche Aussicht, Pool, Sauna; im **Restaurant** lokale Spezialitäten und auf Wunsch Kochkurse, Menü 20–30 €.

Scigliano: Loc. Rossano Stazione, Viale Margherita 257, Tel./Fax 09 83 51 18 46, www.hotelscigliano.it, DZ 85 €.
Moderner Bau mit funktionalem Komfort, vor einigen Jahren renoviert, im neuen Teil der Stadt gelegen.

Camping

Marina di Rossano: Loc. Leuca, Tel. 09 83 51 60 54, www.marinadirossano.it, Ende Mai–Ende Sept.
Geräumige, schattige Komfortanlage mit Bungalows. Zum Strand geht's durch einen Pinienwald. Gute Sportmöglichkeiten, Pool.

Le Arcate: Salita Duoma, Tel. 09 83 52 03 21, Di geschl., Menü 20 €.
Rustikale Pizzeria und Trattoria in altem Palazzo mit Gewölbedecke. Vorwiegend kalabrische Küche.

Stella dello Ionio: Contrada Mornera, Tel. 09 83 51 69 83, Mo geschl., Menü 25 €.
Charmantes Restaurant am Meer, das vorzugsweise Fisch serviert, immer fangfrisch. Pasta mit Bohnen und Miesmuscheln oder mit Scampi und Zucchiniblüten.

Bus: Stadtbus ab Bhf. Rossano Scalo alle 30 Min. zur Altstadt Rossano Paese. SIMET-Fernbusse gehen mehrmals die Woche nach Rom und Neapel.

Ziele in der Umgebung

Santa Maria del Patire (Pathirion, E 4): Das um 1100 gegründete Kloster, früher ein bedeutendes Zentrum der Buchmalerei, ist eines der wichtigsten Beispiele für normannisch-byzantinische Kirchenarchitektur.

Tipp: Abstecher zum **Cozzo di Pesco.** In dem Naturreservat sind die Giganten der Sila zu sehen: rund 80 Bäume – darunter Eichen, Ahorn, Kastanien –, im Schnitt sind die Riesen 700 Jahre alt.

Sila Greca und San Demetrio Corone (E 4–D 4): Über das mittelalterliche Corigliano Calabro erreicht man die Sila Greca mit ihren unzähligen Feigenbäumen und Eichenwäldern. San Giorgio und San Cosmo Albanese, San Demetrio Corone und Santa Sofia d'Epiro sind Dörfer der Arbëresh (s. S. 108), die im 15. Jh. vor den Osmanen aus Albanien flohen und in Kalabrien Asyl fanden. In San Demetrio, neben Lungro eines ihrer kulturellen Zentren, sind die Mosaiken in der Kirche San Adriano aus dem 11./12. Jh. sehenswert.

Longobucco (E 5): Der Borgo am Südostrand der Sila Greca ist eine offene Werkstatt für textiles Kunsthandwerk. Seit Jahrhunderten werden aus Rohseide, Wolle und Ginsterfasern bunt schillernde Teppiche, Tischdecken und Betttücher nach byzantinischen Mustern hergestellt.

San Giovanni in Fiore (F 6)

Die Hauptstadt (18 560 Einw.) der Sila verdankt ihre Bekanntheit dem Zisterzienserabt Gioacchino da Fiore, der in S. Giovanni eine Abtei gegründet hat, um die sich im 13. Jh. der Ort bildete. Der alte Stadtkern mit seinen Handwerksbetrieben – allen voran Schmieden im Borgo Orefici und Webereien – wird von der wild gewucherten Neustadt flankiert. S. Giovanni in Fiore ist ein klassisches Ziel bei der Erkundung des Sila-Gebirges, das mit dem übersichtlichen **Lorica** und dem Wintersportort **Camigliatello** weitere Urlaubsziele bietet.

Sehenswert

Abbazia Florense: Via Monastero, tgl. 8–12, 14.30–19 Uhr.
Der Zisterziensermönch Gioacchino da Fiore, geboren ca. 1130 in Cosenza und erzogen am Hof von Roger von Apulien, gründete 1198 das Kloster und ist heute in der Krypta bestattet.

Museo Demologico: Abbazia Florense, Tel. 09 84 97 00 59, Mo–Sa 8.30–18.30, So 9.30–12.30, 15.30–18.30 Uhr, Mitte Sept.–Mitte Juni So geschl., Eintritt 1,50 €.
Das anthropologische Museum dokumentiert Geschichte, Tradition und Arbeitsalltag der Sila-Bevölkerung. Von besonderem Interesse sind die Arbeiten des Silaner Fotografen Saverio Marra.

Sport & Strände

Cooperativa Natura Insieme: Camigliatello, Via C. Alvaro, Tel. 09 84 57 87 66.
Wander-, Trekking-, MTB-Touren, Ausritte, Skilanglauf.

Wintersport: Anlagen in Lorica (E 6), in Camigliatello (E 5) der Monte Scuro und Monte Curcio.

Einkaufen

Scuola Tappeti Caruso: Via Gramsci 145, Tel. 09 84 99 27 24.
Handgewebtes u. a. aus Leinen und Seide in der Teppichwerkstatt, die in einer Schule die alte Webkunst weitergibt.

Spadafora: Via Roma 3, Tel. 09 84 99 36 98.
Goldschmiedekunst nach der lokalen byzantinisch und arabisch geprägten Tradition sowie modernes Design.

Feste & Unterhaltung

Sagra del Fungo: Pilzfest in Camigliatello Ende Okt.

Ufficio Informazione: in Camigliatello, Via Roma (c/o Casa del Forestiero), Tel. 09 84 57 82 43.

Pro Loco: in Lorica, Via Nazionale, Tel. 09 84 53 70 69.
Wanderrouten und Ausflugsziele in der Sila Grande.

Dino's: San Giovanni in Fiore, Viale della Repubblica 166, Tel. 09 84 99 20 90, Fax 09 84 97 04 32, www.dinoshotel.it, DZ 65 €.
Im Herzen der Sila stehen den Gästen in dem funktionalen Neubau 30 gut ausgestattete Zimmer zur Verfügung. Wer es luxuriöser mag, nimmt eine Suite. Gutes **Restaurant,** Tennisplatz.

Nocella: Lorica, Loc. Nocella Lorica, Tel./Fax 09 84 53 71 62, DZ 42 €.
Einfacher Agriturismo in luftiger Höhe am Arvo-See. Guter Ausgangspunkt, um die Berglandschaften der Sila zu erkunden – auch im Winter. Es gibt fünf Zimmer, eine Gemeinschaftsküche und ein großes Esszimmer. Eigene Käseher-

stellung, Radverleih, Trekkingparcours direkt vor der Tür.

Foresta Sottana: Dipignano, Località Foresta, Tel. 09 84 62 15 74, Fax 09 84 44 51 64, www.forestasottana.it, DZ 60 €, ab fünftägigem Aufenthalt 50 €. Schöner Agriturismo ca. 15 km von Cosenza. Sechs Zimmer im alten renovierten Landgut. Traditionelle und vegetarische Küche, biologischer Gemüseanbau, Obst- und Olivenproduktion.

Camping

Lorica, Loc. Lorica: Lungolago Arvo, Tel. 098 42 18 58, ganzjährig. Platz auf über 1300 m Höhe am Lago Arvo, teilweise terrassiert. Gutes Service-Angebot, Wintersportmöglichkeiten.

La Tavernetta: Camigliatello, Contrada Campo S. Lorenzo 14, Tel. 09 84 57 90 26, Menü 20–25 €. Unweit des Cecita-Sees kann man in der Trattoria die Spezialitäten des Waldes probieren. Über 100 Pilzarten bilden die Basis vieler origineller und einfallsreicher Gerichte. Gute Käseauswahl.

Da Vittorio: Lorica, Contrada Rovale 6, Tel. 09 84 53 72 33, Menü 20–30 €. Keine falschen Schlüsse aus der einfachen, rustikalen Einrichtung auf das Essen ziehen. Das Lokal gilt als gute Adresse für die zahlreichen Spezialitäten der Sila, es gibt aber auch Pizza. Darüber hinaus werden **Appartements** vermietet.

Bus: IAS-Busse je 1 x tgl. von S. Giovanni und Camigliatello nach Lorica, Cosenza, Paola, Rossano und Catanzaro.

Bahn: Der Calabro-Lucano bedient Camigliatello, Croce di Magna und S. Giovanni 2 x tgl.

Ziele in der Umgebung

Sila Grande: Zur Gebirgslandschaft mit dem Lago di Cecita (E 5) und dem Lago Ampollino (E 6) gehört noch der nördliche Teil des Parco Nazionale della Calabria.

Highlight 10

Torre di Camigliati in Camigliatello: Das frühere Landgut beherbergt den **Literaturpark Old Calabria,** gewidmet dem englischen Diplomaten Norman Douglas, der zu Beginn des 20. Jh. unter dem Titel »Old Calabria« ein eindringliches Sitten- und Landschaftsporträt Kalabriens verfasste. Zu sehen: Zeugnisse der Bauernkultur, Multimedia-Saal, Fotoausstellung Mimmo Jodices (der Fotokünstler fotografierte Douglas' Reise nach; Tel. 09 84 54 82 00, www.oldcalabria.org, Ende Juni–Ende Juli Fr–So 10–18, Ende Juli–Anfang Sept. tgl. 10–19.30, Mitte Sept.–Ende Nov. tgl. außer Mi 10–17 Uhr).

Scilla (A 12)

Scilla (5170 Einw.) ist der bekannteste Ort der Costa Viola und immer noch ein malerisches, freundliches Fischerdorf, das sich nun mehr und mehr dem Tourismus zuwendet. Die lange Marina Grande, hinter der sich der Ort erstreckt, liefert die besten Voraussetzungen, und die fantastische Felsküste wird immer wieder von kleinen Buchten unterbrochen. Der Ortsname geht auf Homers Odyssee zurück, denn Skylla heißt im 12. Gesang das sechsköpfige Meeresungeheuer, das sechs Gefährten des Odysseus verschlang, als dessen Boot die Straße von Messina passiert hatte. Und diese Skylla saß auf dem Felsen, der heute alle Panoramafotos des Ortes prägt – eine Art Loreley Kalabriens …

Sehenswert

Castello: Di–So 9.30–12.30, 15.30–18.30 Uhr, Eintritt 2 €.
Zuerst Wehranlage gegen die Sarazenen, dann Basilianer-Kloster und schließlich zum Schloss ausgebaut – der Castello dei Ruffo hat eine bewegte Geschichte hinter sich. Er dominiert Scilla von dem Felsen aus, wo das mythische Meeresungeheuer sein Unwesen getrieben haben soll.
Chianalea: Der Fischerborgo ist sehr nah am Wasser gebaut: Bei stürmischem Wetter enden die Wellen an manchen Haustüren. Das winzige Viertel hat zwar nur eine Gasse, aber einen eigenen kleinen Hafen.

Sport & Strände

Die **Marina Grande** mit Blick auf Sizilien hat einen langen Sandstrand und touristische Einrichtungen. Von hier fahren auch Fischerboote in andere **Strandbuchten** an der Küste.
Scilla Diving Center:
Via Annunziata (an der Kirche),
Tel. 09 65 75 45 85, Fax 096 54 87 75,
www.scilladiving.it,
April–Nov. und nach Absprache.
Tauchschule mit international gültigen Zertifikaten.

Feste & Unterhaltung

Schwertfischfest: Aug.
Festa di San Rocco: am So nach dem 15. Aug. mit Markt und Prozession.

Municipio: Palazzo Comunale, Tel. 09 65 75 40 03.
Pro Loco: Via R. Minasi,
Tel. 09 65 75 40 03,
www.scillaonline.it

Azienda Romeo Rijtano: Melia (B 12), Via per Militino 18–20, Tel. 09 65 75 53 01, Fax 09 65 89 79 52, DZ 45–65 €.
Agriturismo auf dem Hochplateau von Melia mit schönem Ausblick. Zimmer und Wohnmobilstellplätze, eigenes Obst, eigene Oliven.
Le Sirene: Via Nazionale 55,
Tel./Fax 09 65 75 40 19,
www.hotellesirenescilla.com,
DZ 50–100 €.
Das älteste Hotel am Platz und in Bahnofsnähe strahlt im frisch renovierten maritimen Glanz. Die naiv-mythologischen Gemälde an den Zimmerwänden sind jedoch Geschmackssache. Teils Zimmer mit Meerblick, solider Komfort, einladende Dachterrasse.
U Bais: Via Nazionale 65,
Tel. 09 65 70 43 00, Fax 09 65 70 42 98,
www.hotelubais.it, DZ 80–150 €.
Neueres und sehr anspruchsvolles Hotel am Lungomare, das in seinem äußerst hamonischen Ambiente auch Konferenzen und Hochzeiten organisiert. Jedes Zimmer mit mediterranem oder mythologischem Namen und individueller Einrichtung.
Camping
Villaggio Camping Sant'Elia:
Marina di Palmi,
Monte Sant'Elia di Palmi,
Tel. 0966 410710,
www.camping.it/calabria/santelia.
Durchgehend geöffneter, sehr schöner und waldiger Platz mit Stellplätzen und Mini-Appartements.

Alla Pescatora: Via C. Colombo 32, Tel. 09 65 75 41 47, Mi und 15. Dez.–31. Jan. geschl., Menü 25 €.
Hier wird nur frischer Fisch zubereitet, nein, zelebriert auf kalabrische und sizilianische Art: Risotto mit Zucchini-

blüten und *gamberi,* Schwertfisch und rohe Muscheln – die Highlights in einem hellen Lokal mit Blick auf Meer und Promenade.

Il Pirata: Loc. Chianalea,
Tel. 09 65 70 42 92, Nov. bis Ostern geschl., Menü 35 €.
Der ehemalige Fischrestaurant-Klassiker von Scilla setzt unter neuer Leitung immer noch auf Zutaten aus dem Meer auf der Speisekarte, punktet aber vor allem wegen seiner romantischen Lage direkt am Meer und der einladenden Veranda.

Grotta Azzurra: Lungomare,
Tel. 09 65 75 48 89, Mo und 15. Dez. bis 15. Jan. geschl., Menü 40 €.
Mondänes Restaurant in Scilla mit azurblauem Speisesaal. Hierher kommt gern die Prominenz, und sie weiß auch, warum. Gnocchi mit Knurrhahn, frittierte

Scilla, Blick auf Marina Grande und das Kastell

Babyfische (lecker, aber ökologisch oft zweifelhaft) oder Meeresschnecken sind Beispiele der extravaganten Küche.

Bahn: Vom Bahnhof Scilla an der Marina Grande stdl. Richtung Lamezia Terme und Reggio di Calabria/Sizilien.
Bus: Verbindungen in die anderen Küstenorte, Info Pro Loco.

Sibari (D/E 3)

Dem heutigen Sibari (2500 Einw.) in der weitläufigen Ebene, das nur aus wenigen Häusern besteht, sieht man Opulenz und Luxus seiner berühmten antiken Vorläuferin nicht mehr an. Achäer gründeten zwischen 730 und 720 v. Chr. die Stadt Sybaris, die sich mit 100 000 Einwohnern rasch zur größten Polis der Magna Graecia entwickelte. 510 v. Chr. zerstörte das benachbarte Kroton das als vergnügungssüchtig verrufene Sybaris. Erst 444 v. Chr. kam es mit Unterstützung der Athener zur Neugründung der Stadt Thourioi. Ab 193 v. Chr. war die Stadt die römische Kolonie Copia, bis im 6. Jh. Landversumpfung und Malaria das endgültige Aus brachten.

Sehenswert

Sybaris/Copia: an der SS 106R, km 24, 9 Uhr–1 Std. vor Sonnenuntergang, Eintritt frei.
Auf dem Ausgrabungsgelände im Bereich des Parco del Cavallo überwiegen die Ruinen der römischen Stadt Copia: Stadtvillen mit Mosaikböden, Teile des Theaters, Mauern der Thermen, Straßenzüge.
Museo Archeologico Nazionale della Sibaritide: Via Cassoni, Tel. 09 81 79 391, 9–19.30 Uhr, 1./3. Mo im Monat geschl., Eintritt 2 €.
In dem modernen Gebäude sind seit 1996 die antiken Funde aus Sybaris/Copia versammelt: Keramik aus Korinth, Athen, Sparta und von den Ägäischen Inseln, Marmorskulpturen, Keramikfiguren, Grabbeigaben, Dinge des täglichen Gebrauchs.

Sport & Strände

Der **Ortsstrand** ist kinderfreundlich, sehr flach abfallend und feinsandig.
Marina Laghi di Sibari: Kalabriens größter Jachthafen.

Einkaufen

Informatives über Sibari im **Bookshop** des Archäologischen Museums.

Pro Loco in Castrovillari: s. S. 51.

Oleandro: Loc. Laghi di Sibari, Tel. 098 17 91 41, Fax 098 17 92 00, DZ 52–75 €.
Das Haus mit 23 freundlichen Zimmern liegt am Jachthafen und nur wenige Meter von den Ausgrabungen entfernt. Familiäres Ambiente auch im guten Restaurant.

Camping
Sibari: SS 106R bei km 27,
Tel. 09 81 78 40 88, Fax 09 81 78 40 63, Juni–Sept.
Große Komfort-Anlage am Meer, mäßig schattig, aber gutes Sportangebot.

Bahn: Linien Cosenza–Spezzano, Albanese–Sibari und Catanzaro Lido–Crotone–Thurio–Sibari–Toranto etwa 2 x stdl.
Bus: SAJ-Busse auf der Strecke Sibari–Spezzano Terme–Cosenza bzw. Castrovillari mehrmals tgl.

Ziele in der Umgebung

Roseto Capo Spulico (E 2): Am Strand von Roseto bieten bei Sonnenuntergang die Fischer ihren Fang an. Bekannt ist der Ort wegen des mittelalterlichen Kastells am Strand. Der Staufer Friedrich II. ließ das Castrum Petrae Roseti im 13. Jh. auf einem Felsvorsprung errichten (Mo–Fr 15–20, Sa, So 10–13 Uhr).

Squillace (E 9)

Squillace (3200 Einw.) ist zweigeteilt: Die touristische Ansiedlung an der Küste bei den Stränden von Copanello (s. S. 58) liegt knapp 10 km entfernt vom alten Ort, der Skyllettion in griechischer, Scolacium in römischer Zeit hieß. Heute ist es ein recht ruhiger, vom Keramikhandwerk geprägter Ort zwischen Pinien, Feldern und Olivenhainen. Von dort überblicken die Einwohner aus 344 m Höhe die fruchtbare Ebene bis zum Golf von Squillace.

Sehenswert

Castello Normanno: Das inzwischen restaurierte Castello Normanno war besonders wichtig für den Überblick von Roger I., die weite Perspektive ist freilich nicht nur für Herrscher herrlich (Juni–Sept. 9–13, 15–20, Okt.–Mai 10–12, 16–19.30 Uhr, Eintritt 2 €).
Duomo: Der Dom ist der Nachfolger der normannischen Kirche, die hier bis zum Erdbeben von 1783 stand. Im rechten Schiff befindet sich das Renaissance-Grabmal des Bischofs Galeota von Squillace.
Museo diocesano d'Arte Sacra:
Palazzo Vescovile,
Tel. 09 61 72 13 35,
tgl. 17–20 Uhr, Eintritt 1,50 €.
Sechs Säle im Bischofspalast zeigen Skulpturen, Gemälde, Dokumente, Monstranzen, Kandelaber und Globen.
Parco Archeologico di Scolacium:
an der SS 84 nach Bórgia,
Tel. 09 61 39 13 56, 9 bis 1 Std. vor Sonnenuntergang.
Ziemlich gewaltig erscheint die Ruine der Kirche Santa Maria della Roccelletta zwischen alten Olivenbäumen vor dem Ausgrabungsgelände: ein normannischer Bau aus dem späten 11. Jh., der nie vollendet wurde, in dem aber die

Funde aus römischer, spätantiker und mittelalterlicher Zeit ans Tageslicht befördert wurden. Diese Fundstücke aus dem antiken Skylletion sind seit 2005 in einem modernen, sehr anschaulichen Museum ausgestellt. Sehenswert ist auch das kleine Ölmuseum.

Sport & Strände

Traumhafte Buchten liegen zwischen Squillace Lido und Soverato: lange **Sandstrände** mit kleineren Badeplätzen zwischen Felsformationen.

Einkaufen

Squillace ist für seine **Keramikarbeiten** bekannt.

Artigiana Ceramisti: Vasai Sant'Agazio, Via Guido Rhodio, Tel. 09 61 91 26 78.

Antonio Commodaro Ideart: Viale Cassiodoro, Tel. 09 61 91 26 20. Keramik, die im Ofen aus dem 18. Jh. gebrannt wird.

Caseificio Rovi: Via Fulvio Palmieri, S. Vito sullo Jonio, 6–13.30, 16.30–20.30 Uhr. Direktverkauf von Mozzarella, Ricotta und Burrino aus Kuhmilch.

Ausgehen

Cafè Mediterraneo: Via Damiano Assanti, Tel. 09 61 91 26 83. Hier kann man nachmittags anfangen, und es bei Snacks, Eis und Cocktails langsam Abend werden lassen.

Disco-Bar La Marinella: im Sommer am Lungomare in Soverato.

Feste & Unterhaltung

Sant'Agazio: 16. Jan. und 7. Mai. Fest des Schutzpatrons der Stadt.

Agosto Squillacese: Konzerte und Theateraufführungen auf den Plätzen des Ortes.

Coop. Sereno Millenio: Castello Normanno, Tel. 09 61 91 21 41. Die Kooperative bietet – nur in der Saison, ca. Ostern bis Ende Sept. – nicht nur Infos zum Kastell und zur Altstadt, sondern dort auch Führungen.

La Giara: Loc. Pietragrande, Marina di Pietragrande, Tel. 09 67 57 65 75, Fax 09 67 57 61 63, Mai–Okt., DZ 45–85 €. Luftig mediterran eingerichtetes Haus in Paradieslage an einem der schönsten Strände Kalabriens.

Agriturismo Mezza Luna: Palermiti (E 9), C. da Nucifero, Tel. 09 61 91 71 30, www.agriturismomezzaluna.it, DZ 62–72 €. Sehr hübsch im Grünen liegen die akkurat renovierten Landhäuser des noblen Unternehmens, das noch als landwirtschaftlicher Betrieb arbeitet und sich sehr individuell mit einem großen Angebot an Sport, Unterhaltung und Exkursionen um seine Gäste kümmert.

Borgo Piazza: Borgia, Loc. Vallo di Borgia, Tel. 09 61 74 54 95, www.borgopiazza.it, DZ 60–70 €. Giuseppe Ponterio vermietet die Zimmer für mindestens drei Tage, die Appartements für mindestens eine Woche. Sein renoviertes Bauernhaus mit Teich liegt 2,5 km vom archäologischen Gelände entfernt.

Camping

Blanca Cruz: Stalettì (E 9), Loc. Caminia, Via del Mare 22, Tel. 09 61 91 10 81, Fax 096 55 67 25, Mai–15. Okt., außerhalb der Saison Tel. 09 61 91 12 50. Platz mit dichtem Baumbestand am Meer (Felsen und Sandstrand). Sport-, Unterhaltungs- und Einkaufsmöglichkeiten, Pizzeria.

Porta Giudaica: Via Porta Giudaica, Tel. 09 61 91 25 00, 1. Juli–15. Sept. tgl. geöffnet, sonst Mo. geschl., Menü 20–25 €. Bodenständige kalabrische Gerichte wie Kichererbsen und Kartoffeln mit Peperoni oder hausgemachte Pasta mit Ziegenragout, aber auch Spaghetti mit Muscheln. Abends zusätzlich Pizza.

Tipico Castrum: Via G. Rhodio 10, Tel. 09 61 91 25 88, Mo geschl., nur abends, Menü ab 20 €.
Sehr gut ist die Pizza, noch besser sind die *pizzettine*, als *antipasti castroncini* die Spezialität des Hauses. Lecker auch die hausgemachte Pasta mit *salsiccia-sugo.*

Vom Bahnhof Squillace **Busse** und stdl. **Züge** nach Reggio di Calabria und Catanzaro Marina.

Stilo (E 10)

Mindestens drei Gründe gibt es, Stilo (2810 Einw.) zu besuchen: die schöne Landschaft, die kleine, aber umso bekanntere byzantinische Kirche Cattolica und der für seine Zeit sehr fortschrittliche Philosoph Tommaso Campanella, der hier 1568 geboren wurde, woran ein Denkmal auf der Dorfpiazza erinnert. Stilo liegt auf etwa 400 m Höhe südöstlich in den Ausläufern der Serre

Römisches Theater im Archäologischen Park bei Squillace

San Bruno. Ein schöner Ausblick über den alten Ortskern bis zur Stilara-Schlucht öffnet sich von der Cattolica-Kirche.

Sehenswert

Cattolica: Mai–Aug. 8–20, Sept.–April 7–19 Uhr.
Die vollständig erhaltene byzantinische Kirche bauten Basilianer-Mönche im 10. Jh. als *katholikón*, als regionales liturgisches Zentrum, während sie in den Grotten der Umgebung lebten. Die symmetrische Anlage mit vier kleinen Kuppeln und einer größeren in der Mitte ähnelt solchen auf dem Peleponnes, in Armenien und Anatolien.

Santa Maria Ognissanti: Bemerkenswert am riesigen gotischen Domportal ist das Wappen des Sachsenkönigs Otto II., der Stilo vor mehr als tausend Jahren einnahm.

San Giovanni Nuovo: Die barocke Kirche von 1625 ist wie das Kloster in Bivongi (s. Tipp S. 100) San Giovanni Therestis gewidmet, dessen Büste und Reliquien auf dem Altar stehen.

Sport & Strände

Schöne Strände bei **Monasterace Marina** (E 11) und in dessen Umgebung.

Feste & Unterhaltung

Antica fiera della Befana: Handwerksmarkt am 6. Jan.

Infiorata: an Fronleichnam. Der ganze Ort präsentiert sich im Blumenschmuck.

Festa di San Giovanni: gemäß der Tradition der Basilianer-Mönche am 24. Juni.

Palio di Ribusa: Reiterumzug und -wettkampf mit Musik, Fackeln und Feuerwerk am 1. So im Aug.

Pro Loco: Viale Roma, Tel. 09 64 77 50 13.
Municipio: Piazza S. Giovanni Theresti, Tel. 09 64 77 60 06, Fax 09 64 77 53 12.

Privatzimmer findet man problemlos, indem man auf der Piazza einfach einen Einheimischen fragt.
Città del Sole: Viale Roma, Tel. 0964 73 28 88, Fax 09 64 77 57 00, DZ 60–95 €.

Die 33 Zimmer in dem modernen Hotel haben den internationalen Standard dieser Preisklasse.

Hotel San Giorgio:
Via Citarelli 8, Tel. 09 64 77 50 47,
Fax 09 64 77 53 12,
DZ 75 €.
Kleines Haus im Centro Antico von Stilo. Gemütliche, familiäre Atmosphäre, Schwimmbad, Garten, Bibliothek, Panoramaterrasse.

Agriturismo

Agriturismo Fiumanò:
Focà di Caulonia, Contrada Aguglia, Tel./Fax 096 48 22 72, DZ 45–80 €.
Kühl im Grünen und am Strand liegen die fünf Zimmer und zwei Appartements. Dazu gehört der Verein Arte Calabria mit **Kurs-** und **Exkursionsprogramm.**

Bivongi

In den Ausläufern des Monte Consolino in Bivongi (E 10) südlich des Stilaro-Tales finden sich die vielen Grotten, in denen einst die Mönche lebten. Bivongi ist auch bekannt für seinen schweren Rotwein und lieferte früher das Eisen für die Schmieden der Bourbonen. Der Monastero San Giovanni Vecchio war das einzige italienisch-griechische Kloster. Im 12. Jh. pilgerten viele Gläubige dorthin, um San Giovanni Theresti zu besuchen, einen Mönch, der vor den Arabern aus Sizilien geflohen war. In der Trattoria La Vecchia Miniera (Tel. 09 64 73 18 69, Mo geschl.) kann man sehr gut Forelle speisen, und man kann sich von hier aus für 6 € zum 105 m hohen Marmàrico-Wasserfall bringen lassen.

Ristorante La Cattolica: Viale Roma di Stilo, Tel. 09 64 77 50 17, Mi geschl., Menü 30 €. Spezialitäten: Antipasti, Forellen und Pasta mit Pilzen.

Bahn: vom Bhf. Monasterace-Stilo stdl. über Soverato/Squillace nach Catanzaro Lido und über Roccella Ionica, Locri, Capo Spartivento und Bova Marina nach Reggio di Calabria.
Bus: Saja, Tel. 09 65 81 23 35.
2 x tgl. nach Bova Marina und Catanzaro Lido.
Autolinee Federico:
Tel. 09 65 59 02 12.
Mehrmals tgl. nach Reggio di Calabria über Monasterace und Locri.

Ziele in der Umgebung

Certosa Santo Stefano (D 10): Der hl. Bruno zog Ende des 11. Jh. von Köln in die Serre und gründete dort eine Kartause. Nach einem Erdbeben 1783 wurde das völlig zerstörte Kloster im 19. Jh. im Stil französischer Neogotik wieder errichtet. Ein paar Kartäusermönche leben dort in kompletter Abgeschiedenheit. Das Innere des Klosters darf nur von Männern besichtigt werden (Mi u. Sa 16.15–19 Uhr), im Gegensatz zum Museo della Certosa (Tel. 096 37 06 08, tgl. April–Sept. 9–13, 15–20, Okt.–März Di–So 9.30–13.30, 15–18 Uhr, Eintritt 2 €), das einen Einblick in die Klostergeschichte gibt. Den Platz der ersten Kartause nimmt heute die Waldkirche Santa Maria del Bosco ein. Gegenüber in Klosternähe liegt das Grab des hl. Bruno.

Serra San Bruno (D 10): In der Barockkirche San Biagio in dem lebhaften Handwerkerstädtchen – ein Rundgang lohnt sich – befinden sich vier weiße Marmorskulpturen des Deutschen David Muller aus der alten Certosa.

Tropea (B 9)

Perle des Tyrrhenischen Meeres: So nennt sich Tropea (6810 Einw.) gern selbst. Wegen seiner wagemutigen Lage auf einem Felsen über dem Meer, den Bilderbuchstränden der Costa degli Dei und der kompakten, gut erhaltenen Altstadt führt es die Hitliste der Kalabrien-Reiseziele an. Viel älter als der Tourismus ist der Anbau der süßen roten Zwiebeln, die auf den umliegenden Feldern wachsen und neben dem Fischfang lange die wichtigste Einnahmequelle des Ortes waren. Vom Mittelalter bis ins 18. Jh. war die Stadt ein Seehandelszentrum und erlebte ihre kulturelle und wirtschaftliche Blüte. Tropea war nur dem König unterstellt, keinem Feudalherrn, und verwaltete sich selbst.

Sehenswert

Palazzi: Die spätmittelalterliche Pracht der Paläste der adeligen Führungsschicht der Stadt – mit ihren unterschiedlichen Portalen, Wappen und Innenhöfen – lässt sich abseits des zentralen Corso in den Gassen der Altstadt entdecken. Der Pro Loco hält einen praktischen Plan und eine Infobroschüre bereit.

Kathedrale: Largo Duomo.
Die normannische Basilika wurde in den 1920er-Jahren renoviert und vom Schmuck der Barockzeit befreit. Im Inneren überwiegen seitdem wieder die strengen mittelalterlichen Formen. In der Mitte der Hauptapsis das Bild der Madonna di Romania von 1330.

Santuario di Santa Maria dell' Isola: tgl. 9.30–12.30, 14–20 Uhr, Eintritt frei.
Tropeas Wahrzeichen auf dem Sandsteinfelsen. Im späten Mittelalter übernahmen Benediktinermönche die Kirche von den Basilianern. Erdbeben, Sarazenenüberfälle und Meeresbrandung haben dem Bauwerk und dem Felsen, der früher nur per Boot erreichbar war, immer wieder zugesetzt.

Sport & Strände

Marina Grande und **Marina del Convento:** Die beiden feinen Sandstrände sind ab Largo Villetta zu Fuß zu erreichen.

Bucht von Riaci: weißer Sand, spitze Felsen, kristallines Wasser. Abfahrt kurz hinter der südlichen Ortsausfahrt. Mit Bar und Wassersportangebot.

Nördlich von Tropea: Einladend sind der weiße Sandstrand von Parghelia (B 9), die Spiaggia della Contura, mit ihren aus dem Wasser ragenden Granitzapfen, und der Strand in Zambrone (C 9). Über dem Sandstrand von Briatico (C 9) erhebt sich ein mittelalterlicher Wehrturm.

Bootsausflüge/Pescaturismo: Touren zum Capo Vaticano, zum Strand von S. Irene oder zum Fischfang, Infos bei Gerardo in der Osteria del Pescatore oder unter Tel. 34 75 31 89 89.

Aquapark Zambrone: Freizeitbad in Zambrone, Tel. 09 63 39 20 09, Juni–Sept., Staffelpreise um 12 €.

Sprachkurse: Piccola Università Italiana, Largo Pandullo, Tel. 09 63 60 32 84. International renommierte Sprachschule. Kurse für jedes Niveau plus Kulturprogramm und Unterbringung in der Altstadt.

Einkaufen

Ceramiche Condò:
Via Indipendenza 11.
Fantasievolle Keramik und farbenfrohe Terrakotta-Arbeiten.

Enogastronomia Calabrese:
Via Regina Margherita,
Tel. 096 36 20 39.

Francesco Lorenzo hält in seinem Laden alle Köstlichkeiten Kalabriens bereit, sogar Kapern von den Liparischen Inseln.
Internetpoint: Largo Ruffa 5, Tel. 09 63 60 30 86, 10–13, 17–1 Uhr. Webzugang in einem Laden für Kunsthandwerk aus aller Welt.

Ausgehen

Corso V. Emanuele: Flaniermeile mit Bars und Eiscafés. Saisonal öffnende **Discos** werden durch Flugblätter und Plakate angekündigt.

Pro Loco: Piazza Ercole 29, Tel./Fax 096 36 14 75, www.prolocotropea.eu.

Privatzimmer: Viele Urlauber wohnen in Tropea in Privatunterkünften und Appartements – die günstige Alternative zu Hotels. Adressen beim Pro Loco, anrufen oder gleich hingehen!
Ruralia: Località Fontanella, Punzolo, Tel. 09 63 66 96 33, www.agriturismoruralia.com,

Flair des Südens: Tropeas Piazza am Meer

DZ 45–75 €, Apartment-Wochenmietpreis 350–650 €.
Agriturismo in hügeliger Terrassenlage an der Straße von Tropea nach Santa Domenica. Aus den Wirtschaftsräumen des Landguts wurden farbenfrohe Gästehäuser mit sieben Zimmern und acht Appartements. Zur geräumigen Anlage gehören Pool und Bar. Im **Restaurant** gibt es lokale Küche und rustikales Abendessen zum Fixpreis von 20 €. Auch **Ausflüge** und **Tauchgänge** im Angebot.

Virgilio: Viale Tondo,
Tel. 096 36 19 78, Fax 096 36 23 20,
www.hotel-virgilio.com,
DZ 70–120 €.
46 Zimmer mit schlichtem, funktionalem Komfort. Das Haus konserviert innen und außen den Charme des italienischen Familienurlaubs aus den 1970er-Jahren, viele italienische Stammgäste.

Camping

Marina del Convento:
Loc. Marina del Convento,
Tel./Fax 096 36 25 01,
www.marinadelconvento.it, ganzjährig.

Marina dell'Isola:
Loc. Marina dell'Isola,
Tel./Fax 096 36 19 70,
www.maregrande.it, Juni–Sept.
Überschaubarer Platz am Meer, überwiegend schattig, 120 Plätze, Camper-Service, Sandstrand.

Osteria del Pescatore:
Via del Monte 7,
Tel. 09 63 60 30 18.
Mi geschl. (außer im Sommer),
Menü 20 €.
Ehemaliger Weinausschank hinter dem Dom. Unter dem Tonnengewölbe gibt es lokaltypische Vorspeisen wie Ricotta, getrocknete Tomaten oder in Öl eingelegte Auberginen. Als *secondo* Stockfischspezialitäten, besonders freitags.

Porta Vaticana:
Via Regina Margherita,
Tel. 09 63 60 33 87,
März–Okt., Menü 25 €.
Im lauschig-romantischen Innenhof stehen Fischspezialitäten wie der *risotto afrodite* mit Meergräsern und Scampi auf der Speisekarte. Abends reichlich Auswahl an guter Pizza.

Tropea Vecchia:
Largo Barone,
Tel. 34 92 92 39 53,
April–Okt.,
Menü 20 €.
Auf einer verwinkelten Piazzetta in der Altstadt bewirtet die Familie Orfano ihre Gäste mit der traditionellen Küche der Fischer. Meeresfrüchte und Fisch kommen täglich fangfrisch von den eigenen Fischkuttern. Hausspezialität: *antipasto di mare*. Gutes Preis-Leistungs-Verhältnis.
El Sol: Largo S. Michele,
Tel. 096 36 11 74,
April–Okt.,
Menü ab 30 €.
Am Fuße des früheren Kastells liegt das älteste Restaurant des Ortes. Serviert werden neben guter Pizza auch Pasta mit Meeresfrüchten wie die *linguine allo scoglio*. Schattiger Innenhof.

Feudo di Villa Anticaglia

60 ha Land und Garten umgeben den Feudo di Villa Anticaglia. Das ehemals feudale Landgut aus dem 18. Jh. mit charmanten Zimmern, die mit antiquarischen Möbeln eingerichtet sind, bietet Kochkurse an, Kurse in Stickerei, in Botanik und Italienischkurse. Gemüse, Öl, Wein und Obst aus eigenem biologischen Anbau. Der Hof arbeitet gemeinsam mit der Universität von Reggio di Calabria an Projekten zu umweltverträglicher Landwirtschaft (Briatico, C 9, Frazione S. Costantino, Loc. Anticaglia, Tel. 09 63 39 20 42, Fax 096 34 54 37, www.villanticaglia.it, März–Nov., DZ 80 €).

La Pergola: Via Annunziata,
Tel. 096 36 24 37, tgl.,
Menü 25–35 €.
Unter der dichten Pergola bieten Giuseppe und seine Brüder ihren Gästen gerne Fischspezialitäten an: Der vorzügliche mild-gegrillte Schwertfisch zergeht im Mund. Darüber hinaus abwechslungsreiche Pasta, reichliche Gemüsebeilagen, viel Fisch und hausgemachte *dolci*, abends gute Pizza. Viele deutsche Reisende schätzen das gepflegte Ambiente und den guten Service.

Bus: Largo S. Michele Juni–Sept. 5 x tgl. Busse von Parghelia über Tropea, Santa Domenica, Groticcelle-Capo Vaticano nach Ricadi und zurück. Aktueller Fahrplan im Pro Loco erhältlich.
Autolinee Vibonesi nach Catanzaro, Vibo, Capo Vaticano 1 x tgl., in der Saison mehrmals tgl.
Auto- und Scooterverleih:
La Torre Michele,
Via F. Barone,
Tel. 09 63 61 16 33.

Ziele in der Umgebung

Grotten von Zungri (C 9): Die faszinierende byzantinische Siedlung am Ortsrand von Zungri ist die einzige ihrer Art in Kalabrien. Die mehr als 80 in den Sandstein gehauenen, teils zweistöckigen Häuser und Wirtschaftsräume sind untereinander mit Gängen verbunden. Anfahrt über Parghelia, 22 km. Festes Schuhwerk zur Besichtigung empfohlen.
Lipari-Inseln: Tagesschiffstouren bietet Tropeamar an, Corso V. Emanuele 12, Tel. 09 63 66 60 98.

Klippen am Capo Vaticano bei Tropea

Extra-

Fünfmal Kalabrien entdecken

1. Die Dörfer der Arbëresh – Kastriota und Skanderbeg
2. Capo Rizzuto – Piratenküste und Meeresreservat